Hartleff Dietrich Wende

**Insolvenz- und
Zwangsvollstreckungsrecht**

Hartleff Dietrich Wende

Insolvenz- und Zwangsvollstreckungsrecht

Erste Hilfe in der Kundenkrise

Dritte Auflage

Deutscher Sparkassenverlag Stuttgart

Bibliografische Information der Deutschen Nationalbibliothek

Die Deutsche Nationalbibliothek verzeichnet diese Publikation
in der Deutschen Nationalbibliografie;
detaillierte bibliografische Daten sind im Internet
unter http://dnb.d-nb.de abrufbar.

Alle Angaben wurden sorgfältig ermittelt, für Vollständigkeit
oder Richtigkeit kann jedoch keine Gewähr übernommen werden.

© 2010 Deutscher Sparkassen Verlag GmbH, Stuttgart
Alle Rechte vorbehalten.
Dieses Werk einschließlich aller seiner Teile ist urheberrechtlich
geschützt. Jede Verwertung außerhalb der engen Grenzen des
Urheberrechtsgesetzes ist ohne Zustimmung des Verlages
unzulässig und strafbar. Das gilt insbesondere für Vervielfältigungen,
Übersetzungen, Mikroverfilmungen und die Einspeicherung
und Verarbeitung in elektronischen Systemen.

www.sparkassenverlag.de

Lektorat: Barbara Lägel
Herstellung: Christina Walter
Umschlaggestaltung nach einer Konzeption
von Groothuis, Lohfert, Consorten, glcons.de, Hamburg
Typografie nach einer Konzeption
von Rainer Leippold, Leonberg
Satz: MetaLexis, Niedernhausen-Engenhahn
Druck und Binden: Media-Print Informationstechnologie GmbH, Paderborn
Printed in Germany

ISBN: 978-3-09-305741-0
3. Auflage 12/2010
305 740 020

Inhaltsverzeichnis

	Vorwort zur dritten Auflage	8
	Vorwort zur zweiten Auflage	9
	Vorwort zur ersten Auflage	10
1	**Zwangsvollstreckungsrecht**	**11**
1.1	Einzelzwangsvollstreckung, §§ 704 ff. ZPO	12
1.2	Fahrnisvollstreckung, §§ 803 ff., 808 ff. ZPO	13
1.2.1	Vollstreckungsorgan/Vollstreckungsvoraussetzungen	13
1.2.2	Sachpfändung durch den Gerichtsvollzieher, §§ 808, 809 ZPO	14
1.2.3	Zwangsvollstreckung aus Zahlungstiteln in Forderungen und Rechte des Schuldners, §§ 803 ff., 828 ff. ZPO	19
1.3	Immobiliarzwangsvollstreckung	21
1.3.1	Vollstreckungsgegenstände	21
1.3.2	Arten der Immobiliarzwangsvollstreckung	22
1.3.3	Zwangsversteigerung in Grundzügen	22
2	**Verbraucherinsolvenzverfahren**	**33**
2.1	Verbraucher im Sinne der Insolvenzordnung	33
2.2	Insolvenzgründe	33
2.3	Insolvenzantrag/Gerichtszuständigkeit	35
2.4	Verfahren	35
2.5	Gerichtlicher Schuldenbereinigungsplan	36
2.6	Gerichtliches Verbraucherinsolvenzverfahren	37
2.7	Restschuldbefreiung	38
2.8	Stundung der Verfahrenskosten	39
3	**Regelinsolvenzverfahren**	**41**
3.1	Verbraucher- oder Regelinsolvenzverfahren	41
3.2	Insolvenzantrag/Gerichtszuständigkeit	41
3.3	Insolvenzgründe	42
3.3.1	Drohende Zahlungsunfähigkeit	42
3.3.2	Zahlungsunfähigkeit	43
3.3.3	Überschuldung	44
3.3.4	Rangrücktritt bei Gesellschafterdarlehen	45
3.4	Verfahren	50
3.5	Kosten des Verfahrens	51
3.6	Eröffnung des Verfahrens	51
3.7	Forderungsanmeldung	51

3.8	Arten der Gläubiger	51
3.8.1	Aussonderungsberechtigte Gläubiger	52
3.8.2	Absonderungsberechtigte Gläubiger	52
3.8.3	Massegläubiger	52
3.8.4	Insolvenzgläubiger	53
3.8.5	Nachrangige Insolvenzgläubiger	53
3.9	Gläubigerausschuss	53
3.10	Gläubigerversammlung	53
3.11	Schwebende Geschäfte und ihre Abwicklung	54
3.12	Aufrechnung	55
3.13	Insolvenzplanverfahren	55
3.14	Was ist mit noch offenen Forderungen nach Abschluss des Regelinsolvenzverfahrens?	57
4	**Insolvenzrecht**	**59**
4.1	Insolvenzsituationen – kurze Handlungsempfehlungen	59
4.2	Krisenverlauf/Krisendefinitionen	60
4.2.1	Krisenverlauf	60
4.2.2	Definition des Krisenbegriffs	61
4.3	Krisenerkennung	65
4.3.1	Krisenanzeichen aus § 18 KWG-Unterlagen	65
4.3.2	Krisenanzeichen aus der Kontoführung	66
4.3.3	Rating/Basel II	66
4.3.4	Sonstige Erkenntnisse	66
4.4	Zahlungsverkehr in der Insolvenz	67
4.4.1	Girovertrag	67
4.4.2	Kontokorrentabrede	67
4.4.3	Wirkung des Insolvenzantrages auf die Kontokorrentabrede	68
4.4.4	Gericht ordnet ein allgemeines Verfügungsverbot oder andere Sicherungsmaßnahmen an	68
4.4.5	Eröffnung des Insolvenzverfahrens	69
4.4.6	AGB-Pfandrecht	69
4.4.7	Aufrechnung, §§ 387 bis 396 BGB	70
4.4.8	Zahlungseingänge bei bestehender Globalzession	70
4.4.9	Eingänge im Zeitraum von einem Monat vor Antragstellung	73
4.4.10	Eingänge nach dem Insolvenzantrag	73
4.4.11	Eingänge und Ausgänge bei bestehender Kreditlinie	74
4.4.12	Widerspruch gegen Lastschriften	75
4.5	Kreditsicherheiten in der Insolvenz	80
4.5.1	Verfahrensgang eines Insolvenzverfahrens	80
4.5.2	Insolvenzgründe mit Definition	81
4.5.3	Zeitraum vor Eröffnung des Verfahrens/Anfechtungsrecht	82
4.5.4	Zeitraum nach Eröffnung des Verfahrens	87
4.5.5	Aufrechnungsrecht	87

4.6	Aussonderung und Absonderung	88
4.6.1	Die verschiedenen Sicherungsrechte im Insolvenzverfahren	88
4.6.2	Aussonderung, § 47 InsO	89
4.6.3	Absonderung, §§ 49 bis 51 InsO	93
4.7	Gängige Kreditsicherheiten im Überblick	97
4.7.1	AGB-Pfandrecht	97
4.7.2	Verpfändungsvereinbarung	98
4.7.3	Zessionsverträge	99
4.7.4	Sicherungsübereignungen	101
4.7.5	Grundpfandrechte	102
4.7.6	Bürgschaft	104
4.8	Sicherheiten-Poolverträge	105
4.9	Unwirksamkeit, Anfechtbarkeit und fehlende Sicherheit	110
4.10	Verwertung der Sicherheiten	110
4.11	Was ist erlaubt in der Krise des Kunden?	111
4.11.1	Zahlungseingänge auf dem Konto	112
4.11.2	Hereinnahme neuer Sicherheiten	112
4.11.3	Kreditprolongation, interne Umschuldung und Tilgungsaussetzung	112
5	**Fazit/Ausblick**	117
6	**Anhang**	118
7	**Muster eines Massekreditvertrages im Rahmen eines Insolvenzplanverfahrens**	122
	Tabellenverzeichnis	124
	Stichwortverzeichnis	125

Vorwort zur dritten Auflage

Das Buch soll für Praktiker eine erste Hilfestellung und einen Überblick zum Insolvenz- und Zwangsvollstreckungsrecht bieten. Es soll nicht in die juristischen Tiefen des Insolvenz- und Zwangsvollstreckungsrechts eindringen, da dieser Themenbereich zu komplex ist, um ihn im Rahmen der für dieses Buch geltenden Intention gerecht zu werden.

In erster Linie soll es also unseren jungen/neuen Mitarbeiterinnen und Mitarbeitern in der Kreditberatung, Kreditsachbearbeitung und Kreditkontrolle Hinweise geben, wann es in der Entwicklung der Kundenbeziehung sinnvoll ist, Fachleute einzubinden oder auch die Abgabe des Kreditengagements an die Rechtsabteilung zu erwägen. Aber selbstverständlich sollen Sie sich auch über die nachfolgenden Aktivitäten und Erfordernisse informieren, wenn ein Kreditengagement leider notleidend geworden ist.

Unseren Kolleginnen und Kollegen in den Marktabteilungen soll deutlich werden, dass in solchen Situationen schnelles und konsequentes Handeln wichtig für positive Ergebnisse in der Abwicklung und damit für die gesamte Sparkasse ist. Zögerliches Vorgehen kann hier zu einer Entwertung von Sicherheiten und weiteren Nachteilen für den Kreditgeber führen.

Wie bisher soll eine Überfrachtung mit Paragraphen und Zitaten aus der Rechtsprechung vermieden werden. Rechtliche Grundlagen müssen zwar allen Mitarbeiterinnen und Mitarbeitern im Kreditbereich bekannt sein, aber die juristischen Details sind die Aufgabe der Fachabteilungen.

Herdecke, im September 2010 Hartleff Dietrich Wende

Vorwort zur zweiten Auflage

Dieses kleine Buch soll für Praktiker eine erste Hilfestellung und einen Überblick zum Insolvenz- und Zwangsvollstreckungsrecht bieten. Damit lebt es von Fragen aus der Praxis und liefert Antworten für die Praxis. Zahlreiche Anregungen von Kolleginnen und Kollegen aus der eigenen Sparkasse, der Austausch mit Mitarbeiterinnen und Mitarbeitern benachbarter Sparkassen, Gespräche und Diskussionen bei Veranstaltungen der Sparkassenakademie haben weiteren Informationsbedarf am oben genannten Thema gezeigt.

Daher habe ich Ausführungen zum gerichtlichen Mahnverfahren und zum Zwangsvollstreckungsverfahren ergänzt. Neben diesen Erweiterungen wird bereits ein Ausblick auf die Reform des Insolvenzrechts gegeben, die in den nächsten Monaten auf uns zukommt. Es wurde Raum gefunden für das allseits beliebte Thema von Rangrücktritten und Forderungsverzichten. Ebenso finden Sie die Darstellung zum Anfechtungsrecht bei bestehender Globalzession und die Problematik zu Sicherheitenbestellungen in Poolverträgen.

Betrachtet man die Entwicklung der Insolvenzzahlen in den offiziellen Statistiken, so wird deutlich, dass die Banken und Sparkassen mit diesem Thema noch lange nicht am Ende sind. Zwar zeichnet sich bei Unternehmensinsolvenzen eine gewisse Stagnation ab, das bedeutet jedoch nicht, dass es sich um ein auslaufendes Modell handelt. Wir werden weiterhin regelmäßig mit Unternehmen in Geschäftsverindung stehen, die von einer Insolvenz bedroht sind. Dieses Kreditgeschäft gilt es angemessen zu managen. Auch im Bereich der Privatinsolvenzen dürften noch zahlreiche Fälle auf die Banken und Sparkassen zukommen. Hier besteht aus meiner Sicht weiterhin ein erheblicher »Nachholbedarf«.

In diesem Werk ist erneut versucht worden, die Darstellung ohne Überfrachtung mit Paragraphen und Zitaten aus der Rechtsprechung zu gestalten. Rechtliche Grundlagen müssen zwar allen Mitarbeiterinnen und Mitarbeitern im Kreditbereich bekannt sein, aber das Hochreck ist, aus meiner Sicht, die Aufgabe der Fachabteilungen.

Ich bedanke mich herzlich bei allen, die mich bei der Ausarbeitung unterstützt haben und insbesondere auch bei denen, die mir viele hilfreiche Tipps zur und nach Veröffentlichung der ersten Auflage gegeben haben.

Auch heute noch gilt, dass weiterführende und ergänzende Anregungen aus dem Leserkreis gern angenommen werden.

Herdecke, im Januar 2008　　　　　　　　　　　　　　　　Hartleff Dietrich Wende

Vorwort zur ersten Auflage

Grundkenntnisse über Zwangsvollstreckungs- und Insolvenzrecht beanspruchen neben den Mitarbeiterinnen und Mitarbeitern der Rechtsabteilungen auch mehr und mehr die Kolleginnen und Kollegen der Kreditberatung und Kreditsachbearbeitung. Es gibt eine Vielzahl an guter Literatur. Für die Kolleginnen und Kollegen aus dem Kreditbereich stellen sich diese Werke jedoch in der Regel als zu umfangreich und zum Teil auch als zu juristisch dar.

Mit dieser Ausarbeitung ist der Versuch unternommen worden, die Gradwanderung zwischen Mindesinformation und Erforderlichkeit zu bewältigen.

Bewusst ist auf Zitate der Rechtsprechung verzichtet und Paragraphenangaben auf das Notwendigste beschränkt worden.

Die Ausarbeitung soll einen Überblick über die Verfahren geben und auf sensible Situationen verweisen, die eine Einschaltung von Fachabteilungen erforderlich machen.

Weiterführende und ergänzende Anregungen aus dem Leserkreis werden gern angenommen und berücksichtigt.

Herdecke, im August 2004   Hartleff Dietrich Wende

1 Zwangsvollstreckungsrecht

Zwangsvollstreckung ist das staatliche Verfahren, mit dem ein Gläubiger zwangsweise seine Ansprüche gegen einen Schuldner durchsetzen kann. Grundlage jeder Zwangsvollstreckung ist ein vollstreckbarer Anspruch des Gläubigers in Form eines »Titels«. Titel können insbesondere vollstreckbare Urteile und Vollstreckungsbescheide, aber auch Vergleiche oder notarielle Urkunden sein, zum Beispiel:

- rechtskräftige oder für vorläufig vollstreckbar erklärte Endurteile
- Vergleiche
- Arreste und einstweilige Verfügungen
- Kostenfestsetzungsbeschlüsse
- Beschlüsse
- Vollstreckungsbescheide
- Vollstreckbare Urkunden
- Zuschlagbeschlüsse

Kommt der Schuldner seiner Verpflichtung nicht nach, so muss sich der Gläubiger über die im Zwangsvollstreckungsrecht vorgeschriebenen Wege der Hilfe staatlicher Stellen bedienen.

Hauptunterschiede zwischen Einzel- und Gesamtvollstreckung (Insolvenz)

Die Einzelzwangsvollstreckung wegen Geldforderungen dient der Befriedigung einzelner vermögensrechtlicher Gläubiger durch Zugriff auf einzelne Vermögensgegenstände aus dem Schuldnervermögen.

Bei der Einzelzwangsvollstreckung gilt das Prioritätsprinzip (Windhundprinzip), § 804 Abs. 3 ZPO, d.h. die einzelnen Vollstreckungsgläubiger werden in der zeitlichen Reihenfolge ihrer Vollstreckung befriedigt.

Das Insolvenzverfahren dagegen dient der gleichmäßigen Befriedigung aller Gläubiger eines Schuldners, § 38 InsO. Dazu wird auf das gesamte pfändbare Vermögen des Schuldners Zugriff genommen, §§ 35, 36 InsO. Die Befriedigung erfolgt durch die Verwertung des Vermögens oder bei Unternehmen durch Sanierung bzw. übertragene Sanierung. Das Ziel der Insolvenzordnung war es, die zur Zeit der Konkursordnung als Regel bestehende »Zerschlagungsautomatik« und damit Vermögensvernichtung zu beseitigen. Alle Gläubiger des Insolvenzschuldners werden gleichmäßig entsprechend einer ermittelten Quote befriedigt.

Erst langsam entwickelt sich auch die Durchführung von Insolvenzplanverfahren; die Erfahrungen mit diesem Instrument sind noch gering. Inzwischen wird über einige spektakuläre Großverfahren, insbesondere wegen der hohen Anzahl der betroffenen Arbeitsplätze, in der Presse berichtet. Es ist nicht von der Hand zu weisen, dass Insolvenzplanverfahren durchaus bessere Ergebnisse im Vergleich zur Regelabwicklung für die Gläubiger bringen können und nicht nur für pressewirksame Großverfahren geeignet sind.

In der Einzelzwangsvollstreckung muss der Anspruch des Gläubigers tituliert sein, § 750 Abs. 1 ZPO. Demgegenüber gibt es im Insolvenzverfahren ein eigenes Prüfungsverfahren für die einzelnen Forderungen der Gläubiger, §§ 174 ff. InsO.

1.1 Einzelzwangsvollstreckung, §§ 704 ff. ZPO

Im Wesentlichen handelt es sich um die Zwangsvollstreckung aus Zahlungstiteln in das bewegliche Vermögen, §§ 803 ff. ZPO.

Es ist zunächst zu unterscheiden, auf welche Vermögensart des Schuldners der Gläubiger zugreifen will. Die Vollstreckung in das bewegliche Vermögen ist in den §§ 803 ff. ZPO geregelt, die in das unbewegliche Vermögen in den §§ 864 ff. ZPO. Aus § 869 ZPO ergibt sich die Verweisung und Anwendbarkeit des ZVG.

Eine weitere Differenzierung ist beim beweglichen Vermögen in bewegliche Sachen bzw. in Forderungen vorzunehmen. Die Vollstreckung in bewegliche Sachen wird auch »Fahrnisvollstreckung« genannt und ist in den §§ 803 ff., 808 ff. ZPO normiert. Die Zwangsvollstreckung in Forderungen und Rechte findet ihre Rechtsquellen in den §§ 828 ff., 803 ff. ZPO.

Jede der genannten Vollstreckungsarten wird von einem anderen Vollstreckungsorgan durchgeführt und ein anderer Vollstreckungsakt ist erforderlich.

Tab. 1 Vollstreckung

Vollstreckungsziel	Vollstreckungsakt	Verwertung	Vollstreckungsorgan
bewegliche Sache	Pfändung, § 808 ZPO	§§ 814 ff., 825 ZPO	Gerichtsvollzieher, §§ 808, 809 ZPO
Forderungen und Rechte	Pfändung, § 829 Abs. 3 ZPO	§ 835 Abs. 3 ZPO	Vollstreckungsgericht, § 828 ZPO
Grundstücke	Beschlagnahme, §§ 20, 22 ZVG	§§ 35 ff. ZVG	Vollstreckungsgericht, § 1 ZVG bzw. Grundbuchamt, § 867 ZPO

1.2 Fahrnisvollstreckung, §§ 803 ff., 808 ff. ZPO

1.2.1 Vollstreckungsorgan/Vollstreckungsvoraussetzungen

Die Fahrnisvollstreckung wird grundsätzlich durch den Gerichtsvollzieher, §§ 808, 814 ZPO durchgeführt.

Dem Gerichtsvollzieher ist die gesamte Zwangsvollstreckung zugewiesen, soweit nicht durch Gesetz die Aufgaben einem besonderen Zwangsvollstreckungsorgan aufgetragen sind, § 753 ZPO. Die Handlungen des Gerichtsvollziehers sind hoheitlich, er wird nicht im »Auftrag« eines Gläubigers, sondern auf »Antrag« tätig. Der Gerichtsvollzieher ist also nicht Vertreter des Gläubigers, er ist selbständiges Vollstreckungsorgan. Insoweit ist die Wortwahl des Gesetzgebers in § 753 ZPO irreführend. Der Gerichtsvollzieher ist zuständig für die Vollstreckung in bewegliche Sachen, die Erzwingung der Herausgabe von Sachen, die Abnahme der eidesstattlichen Versicherung. Jeder Gerichtsvollzieher ist für einen bestimmten ihm zugewiesenen Bezirk zuständig.

Zahlt ein Schuldner freiwillig, auf den so genannten »Vorschlag zur Güte« an den Gerichtsvollzieher, so ist streitig, ob der Gerichtsvollzieher als Hoheitsorgan (Amtstheorie) oder als rechtsgeschäftlicher Vertreter des Gläubigers (Vertretertheorie) vorgeht. Dieser im Wesentlichen akademische Streit gewinnt Bedeutung, wenn das Geld noch vor Ablieferung an den Vollstreckungsgläubiger verloren geht.

Nach der Vertretertheorie tritt mit Aushändigung des Geldes an den Gerichtsvollzieher Erfüllung ein, § 362 BGB. Der Gerichtsvollzieher vertritt den Vollstreckungsgläubiger bei der Einigung gemäß § 929 BGB. Er hat als Besitzmittler den Besitz am Geld für den Vollstreckungsgläubiger erlangt. Die rechtsgeschäftliche Stellung wird insoweit aus den §§ 754, 755 ZPO hergeleitet.

Die Amtstheorie verschiebt den Zeitpunkt der Erfüllung, den der hoheitlichen Übergabe des Geldes durch den Gerichtsvollzieher an den Vollstreckungsgläubiger, auf einen späteren Zeitpunkt. Nach § 815 Abs. 3 ZPO gilt die Wegnahme des Geldes durch den Gerichtsvollzieher als Zahlung durch den Vollstreckungsschuldner. Diese Regelung ist analog auf den Fall der freiwilligen Zahlung durch den Vollstreckungsschuldner an den Gerichtsvollzieher anzuwenden, da der Vollstreckungsschuldner mit der freiwilligen Zahlung nur die drohende Pfändung des Geldes abwenden will.

Das Vollstreckungsverfahren beginnt mit dem Antrag eines Gläubigers. In der Regel wird der Vollstreckungsauftrag schriftlich an die Gerichtsvollzieherverteilungsstelle des Amtsgerichts geschickt. Der Gerichtsvollzieher prüft bei der von ihm durchzuführenden Zwangsvollstreckung rein formalistisch – eine materiellrechtliche Prüfung ist nicht seine Aufgabe. Die Prüfung der formellen Voraussetzungen beschränkt sich auf folgende Punkte, § 750 Abs. 1 ZPO:
- Antrag
- Titel

- Klausel
- Zustellung

Der Gerichtsvollzieher überprüft nicht, ob der titulierte Anspruch des Vollstreckungsgläubigers gegen den Vollstreckungsschuldner wirklich besteht. Er prüft nicht, ob der Anspruch inzwischen untergegangen ist (zum Beispiel durch Erfüllung etc.), ausgenommen sind die »präsenten Erfüllungstatbestände« gemäß § 775 Nr. 4 und 5 ZPO. Hierbei handelt es sich nach Nr. 4 insbesondere um eine Urkunde des Gläubigers, aus der sich ergibt, dass der Gläubiger befriedigt ist (Quittung) oder eine Stundung bewilligt hat. Nach Nr. 5 der Nachweis, dass der geforderte Betrag zur Auszahlung an den Gläubiger auf dessen Konto eingezahlt oder überwiesen worden ist. Der Gerichtsvollzieher prüft auch nicht, ob der Schuldner der Eigentümer ist. Nach den §§ 808, 809 ZPO hat der Gerichtsvollzieher nur den Gewahrsam, d. h. den unmittelbaren Besitz des Schuldners (tatsächliche Sachherrschaft) zu prüfen, ausgenommen ist evident entgegenstehendes Eigentum.

1.2.2 Sachpfändung durch den Gerichtsvollzieher, §§ 808, 809 ZPO

1.2.2.1 Pfändungsakt

Bei der Pfändung handelt es sich um einen staatlichen Hoheitsakt, durch den dem Vollstreckungsschuldner die Verfügungsbefugnis über den der Pfändung unterliegenden Gegenstand genommen wird. Diese Verfügungsbefugnis wird ab der Pfändung durch den Staat im Interesse des Vollstreckungsgläubigers ausgeübt.

Der zu pfändende Gegenstand muss sich im Gewahrsam des Schuldners befinden. Da es sich um ein sehr förmliches Verfahren handelt, nimmt der Gerichtsvollzieher keine Prüfung der Eigentumsverhältnisse vor. Sollten die Sachen, die sich im Gewahrsam des Schuldners befinden, tatsächlich im Eigentum eines anderen stehen, so muss sich der wahre Eigentümer gegen die Pfändung wehren; ihm stehen die Rechtsmittel der ZPO zur Verfügung. Auf die Darstellung der einzelnen Vollstreckungsschutzmaßnahmen wird hier wegen der Spezialität dieses Themas verzichtet.

Die Pfändung beweglicher Sachen erfolgt durch den Gerichtsvollzieher durch Inbesitznahme des Gegenstandes. Erforderlich ist, dass der Vollstreckungsschuldner Gewahrsam an dem Gegenstand hat, § 808 Abs. 1 ZPO. Ist die Sache im Gewahrsam eines zur Herausgabe bereiten Dritten oder des Gläubigers, so steht das dem Gewahrsam des Schuldners gleich, § 809 ZPO.

Die Inbesitznahme durch den Gerichtsvollzieher erfolgt, indem er die der Pfändung unterliegende Sache wegnimmt oder an ihr ein Siegel anbringt, § 808 Abs. 1 und 2 ZPO. Das Pfandsiegel ist der berühmte »Kuckuck«, der vom Gerichtsvollzieher aufgeklebt wird.

1.2.2.2 Pfändungswirkung

Als Hoheitsakt führt die Pfändung zur so genannten öffentlich-rechtlichen Verstrickung. Es entsteht an dem Pfandgegenstand ein öffentlich-rechtliches Gewaltverhältnis, welches durch § 136 StGB (Verstrickungsbruch; Siegelbruch) besonders sanktioniert ist.

Materiell-rechtlich führt die öffentlich-rechtliche Verstrickung zu einem behördlichen Veräußerungsverbot. Dieses steht gemäß § 136 BGB einem gesetzlichen Veräußerungsverbot gleich. Es handelt sich um ein relatives Veräußerungsverbot – Verfügungen des Vollstreckungsschuldners nach der Pfändung sind nicht absolut, sondern nur in Beziehung zu dem durch § 135 BGB geschützten Vollstreckungsgläubiger unwirksam. Gutgläubiger Erwerb bleibt gemäß § 135 Abs. 2 BGB möglich.

Eine Pfändung ist als Hoheitsakt grundsätzlich wirksam, d. h. die öffentlich-rechtliche Verstrickung tritt auch dann ein, wenn ein Vollstreckungsorgan bei der Pfändung einen Verfahrensverstoß begangen hat. Ist die Verfahrensverletzung des Vollstreckungsorgans schwerwiegend, kann das zur Nichtigkeit der Pfändung führen. Zu diesen schwerwiegenden Verletzungshandlungen zählen zum Beispiel:

- Es liegt kein Titel vor.
- Durch die Siegelanlegung erfolgt keine eindeutige Kennzeichnung, § 808 Abs. 2 Satz 2 ZPO.
- Dem Vollstreckungsorgan fehlt die funktionelle Zuständigkeit, zum Beispiel der Gerichtsvollzieher pfändet Zubehör, das der Immobiliarzwangsvollstreckung unterliegt.
- Bei einer Forderungspfändung, §§ 829 Abs. 1 und Abs. 3 ZPO, ist der Vollstreckungsschuldner im Zeitpunkt der Zustellung des Pfändungsbeschlusses an den Drittschuldner nicht mehr Inhaber des Anspruchs.
- Im Pfändungsbeschluss fehlt bei der Forderungspfändung das Arrestatorium, das Verbot an den Drittschuldner, an den Schuldner zu zahlen, § 829 Abs. 1 ZPO.

Des Weiteren entsteht durch die Pfändung ein Pfändungspfandrecht. Hierbei handelt es sich um ein durch die Pfändung begründetes Verwertungsrecht des Vollstreckungsgläubigers am Pfändungsgegenstand.

Das Pfändungspfandrecht wird nach der herrschenden gemischt privat-öffentlich-rechtlichen Pfandrechtstheorie als Pfandrecht dritter Art neben den BGB-Pfandrechten (Vertragspfandrecht, § 1204 ff. BGB und gesetzlichen Pfandrechten, §§ 539, 647 BGB) eingestuft.

Für die Entstehung eines Pfändungspfandrechts sind folglich die Voraussetzungen zur Entstehung der anderen Pfandrechte entsprechend anzuwenden.

- Der titulierte Anspruch des Vollstreckungsgläubigers gegen den Vollstreckungsschuldner muss bestehen (vgl. die Akzessorietät, § 1204 BGB).
- Der Vollstreckungsschuldner muss Eigentümer der Sache sein (§ 1207 BGB).

- Es müssen die wesentlichen Pfändungsvorschriften des Vollstreckungsorgans beachtet worden sein. Diese Voraussetzung ergibt sich aus der Tatsache, dass auch im BGB die Verletzung von Formvorschriften zur Nichtigkeit des Rechtsgeschäfts führt (zum Beispiel §§ 315, 125 BGB).

Die Bedeutung des Pfändungspfandrechts liegt vor allem in der Bestimmung des Ranges, § 804 Abs. 3 ZPO (Windhundprinzip).

1.2.2.3 Verwertung

Die Verwertung des Pfändungsgegenstandes erfolgt durch öffentliche Versteigerung, § 816 ZPO. Diese wird durch den Gerichtsvollzieher als Hoheitsorgan vorgenommen, das Verfahren folgt auch hier bestimmten, formellen Regeln. Der Gerichtsvollzieher legt gemäß § 816 ZPO den Versteigerungstermin fest und macht ihn öffentlich bekannt. Der Meistbietende erhält den Zuschlag, soweit das Mindestgebot (= ½ des Verkaufswertes) beachtet ist, § 817a ZPO. Mit dem Zuschlag selbst erwirbt der Ersteher jedoch noch kein Eigentum; erst mit der Ablieferung der Sache an den Ersteher erlangt dieser durch Zuweisung kraft Hoheitsakt das Eigentum. An ersteigerten Gegenständen bestehen keine Gewährleistungsrechte.

Es ist unerheblich, ob die Pfandsache im Eigentum des Schuldners stand und ob der Ersteher insoweit bösgläubig ist. An die Stelle des Pfandgegenstandes tritt in analoger Anwendung des § 1247 Satz 2 BGB (Surrogationsprinzip) der Erlös, d. h., der frühere Eigentümer des Pfandgegenstandes wird Eigentümer des Erlöses. Die Verstrickung (s. o.) und das Pfändungspfandrecht setzen sich im selben Umfang unter Rangwahrung am Erlös fort, wie sie zuvor am Pfandgegenstand bestanden.

Nach Abzug der Versteigerungskosten übereignet der Gerichtsvollzieher den Versteigerungserlös hoheitlich an den Vollstreckungsgläubiger, soweit ihm dieser gebührt, einen etwaigen Übererlös erhält der Schuldner.

Nach § 825 ZPO kann der Gläubiger oder der Schuldner eine andere Art der Verwertung beantragen; dies sollte dann erwogen werden, wenn so ein besserer Erlös zu erwarten ist. Hier kommt vor allem der freihändige Verkauf in Betracht. Unter Umständen kann auch ein anderer Ort für die Versteigerung attraktiver sein. Der Gerichtsvollzieher muss den Antragsgegner über die andere Verwertungsart informieren und eine Wartefrist von mindestens zwei Wochen beachten. Wird die gepfändete Sache dann freihändig durch den Gerichtsvollzieher verkauft, erfolgt dies kraft Hoheitsakt.

1.2.2.4 Die eidesstattliche Versicherung/Der »Offenbarungseid«

Hat der Gerichtsvollzieher im Zuge der Zwangsvollstreckung keine Zahlung erlangt oder keine pfändbare Habe bei dem Schuldner vorgefunden, so ist die Pfändung »fruchtlos« verlaufen.

In der Regel wird der Pfändungsauftrag kombiniert mit dem Auftrag zur Einholung der »eidesstattlichen Versicherung«. Dabei muss der Schuldner sein Vermögen offenbaren. Die eidesstattliche Versicherung ist auch heute noch besser bekannt unter dem Begriff »Offenbarungseid«. Die eidesstattliche Versicherung spielt in der Zwangsvollstreckung eine wesentliche Rolle und hat für den Schuldner einschneidende Wirkung.

Ist er nicht bereit, die eidesstattliche Versicherung freiwillig abzugeben, so kann er durch Haft dazu »gezwungen« werden. Bei dieser Haft handelt es sich um den ihnen bekannten Haftbefehl aus der SCHUFA. Andere Erklärungen des Schuldners zu den Eintragungen in der SCHUFA sind in der Regel nicht zutreffend. Finden Sie also in der SCHUFA des Kunden Eintragungen zur Eidesstattlichen Versicherung oder sogar den Haftbefehl, sollten sie sich schon besondere Gedanken zur Kreditwürdigkeit des Kunden machen.

Sowohl die Abgabe der eidesstattlichen Versicherung als auch der Haftbefehl werden in das bei den Gerichten geführte Schuldnerverzeichnis eingetragen. Aus diesem Verzeichnis wird jedem Auskunft gegeben, wenn es zum Zwecke der Zwangsvollstreckung oder anderen gesetzlichen Zwecken benötigt wird.

1.2.2.5 Überblick über das gerichtliche Mahnverfahren

Ziel des gerichtlichen Mahnverfahrens ist es, dass der Gläubiger einer Geldforderung möglichst schnell und einfach einen vollstreckbaren Titel erhält.

Der Mahnbescheid wird auf Antrag eines Gläubigers vom Amtsgericht erlassen.

Im Verfahren wird dieser als Antragsteller oder Antragstellerin bezeichnet. In Nordrhein-Westfalen ist für die Amtsgerichte in den Oberlandesgerichtsbezirken Hamm und Düsseldorf das Amtsgericht Hagen und für die Amtsgerichte des Oberlandesgerichtsbezirks Köln, dass Amtsgericht Euskirchen zentral zuständig (ZEMA = Zentrales Mahngericht). Der Antrag zu einem Mahnbescheid kann inzwischen auch über das Internet gestellt werden (www.justiz.nrw.de).

Wenn durch den Gläubiger erwartet wird, dass der Schuldner seine Zahlungsverpflichtung im Wege dieses Verfahrens erfüllen wird, stellt es die preiswertere Variante zur Zivilklage dar. Über dieses Verfahren soll der Gläubiger schneller und preiswerter seine Forderung beitreiben können.

Die zentralen Angaben sind die Höhe der beanspruchten Forderung und der Rechtsgrund auf dem die Forderung beruht. Das zuständige Amtsgericht prüft in diesem Verfahren nicht, ob dem Gläubiger der geltend gemachte Anspruch zusteht, es erfolgen lediglich gewisse Plausibilitätsprüfungen. Ergibt die Prüfung, dass der angegebene Rechtsgrund die Forderung nach dem Gesetz rechtfertigen kann, so wird der Mahnbescheid erlassen. Aus dem Mahnbescheid selbst ergibt sich für den Schuldner noch keine Zahlungsverpflichtung.

Will der Schuldner die Forderung nicht anerkennen, so muss er innerhalb von zwei Wochen bei dem Amtsgericht, das den Mahnbescheid erlassen hat, mündlich zu Protokoll der Geschäftsstelle oder schriftlich »Widerspruch« einlegen. Auf den Widerspruch folgt dann in der Regel der Zivilprozess, in dem geklärt wird, ob die Forderung begründet ist. In diesem Zivilprozess gelten die üblichen Beweisregeln,

d. h. der Antragsteller muss notfalls beweisen, dass ihm der geforderte Betrag auch zusteht.

Tritt der Schuldner dem Mahnbescheid nicht durch Widerspruch entgegen und leistet auch keine Zahlung an den Gläubiger, so wird durch das Amtsgericht nach Ablauf von zwei Wochen auf Antrag des Gläubigers ein Vollstreckungsbescheid erlassen. Der Vollstreckungsbescheid hat die Wirkung eines Urteils.

Er stellt den Titel dar, mit dem der Gläubiger die Zwangsvollstreckung gegen den Schuldner einleiten kann. Zum Beispiel kann eine Sachpfändung durch den Gerichtsvollzieher beauftragt werden, eine Lohn- oder Gehaltspfändung sowie eine Kontenpfändung betrieben werden.

Aber auch der Vollstreckungsbescheid wirkt nicht unmittelbar. Gegen den Vollstreckungsbescheid hat der Schuldner erneut die Möglichkeit, innerhalb von zwei Wochen »Einspruch« einzulegen. Dieser Einspruch ist, wie der zuvor erwähnte Widerspruch, an das Amtsgericht, welches den Vollstreckungsbescheid erlassen hat, zu richten. Ebenso wie der Widerspruch kann er zu Protokoll der Geschäftsstelle oder schriftlich eingelegt werden. Hier schließt sich in der Regel auch der Zivilprozess an, in dem geklärt wird, ob die Forderung begründet ist.

Bis zur Entscheidung in dem Zivilprozess hat der Gläubiger die Möglichkeit, mit dem Vollstreckungsbescheid (Titel) die Zwangsvollstreckung gegen den Schuldner zu betreiben. Das Gericht kann die Vollstreckung jedoch auf Antrag des Schuldners einstweilen einstellen. In der Regel wird einem solchen Antrag des Schuldners nur gegen Sicherheitsleistung stattgegeben. Aus diesem Grund ist es wesentlich, bereits gegen den Mahnbescheid Widerspruch einzulegen, wenn man als Schuldner die Forderung bestreiten will, damit nicht erst ein Titel zur Zwangsvollstreckung erlassen wird.

Folgende wesentliche Punkte des Mahnverfahrens seien nochmals hervorgehoben:
- Das Amtsgericht prüft nicht, ob der vom Gläubiger geltend gemachte Anspruch tatsächlich besteht.
- Wenn der Schuldner den geltend gemachten Anspruch aus tatsächlichen Gründen für unbegründet hält, erhebt er Widerspruch vor Ablauf der Zwei-Wochenfrist.
- Die Fristen sind unbedingt einzuhalten. Sie beginnen mit Zustellung des Mahn- oder Vollstreckungsbescheids. Fristen sind nur gewahrt, wenn ihre Erklärung rechtzeitig beim Gericht eingegangen ist.
- Innerhalb des Mahnverfahrens müssen Gläubiger und Schuldner ihre Erklärungen gegenüber dem Gericht abgeben. Schreiben an den jeweils anderen Beteiligten sind für das Mahnverfahren unerheblich.

1.2.3 Zwangsvollstreckung aus Zahlungstiteln in Forderungen und Rechte des Schuldners, §§ 803 ff., 828 ff. ZPO

Es sind drei Vollstreckungsziele zu unterscheiden:
- Der Vollstreckungsschuldner hat gegen seinen Drittschuldner einen Zahlungsanspruch, §§ 828 ff. ZPO.
- Der Vollstreckungsschuldner hat gegen seinen Drittschuldner einen Anspruch auf Herausgabe oder Leistung von Sachen, §§ 846–849 ZPO.
- Der Vollstreckungsschuldner ist Inhaber eines sonstigen Rechts.

Die Besonderheit dieser Art der Vollstreckung liegt in der Ausweitung des beteiligten Personenkreises. Neben den üblichen Beteiligten – Schuldner und Gläubiger – wird ein Dritter eingebunden, der sogenannte Drittschuldner, also der Schuldner des Schuldners.

1.2.3.1 Zuständigkeit

Zuständiges Vollstreckungsorgan ist das Vollstreckungsgericht, § 828 Abs. 2 ZPO. Gemäß § 764 Abs. 1 ZPO ist das Amtsgericht sachlich zuständig. Die örtliche Zuständigkeit richtet sich danach, wo der Vollstreckungsschuldner seinen allgemeinen Gerichtsstand hat, § 828 Abs. 2 ZPO. Bei natürlichen Personen ist der allgemeine Gerichtsstand in der Regel der Wohnsitz.

1.2.3.2 Vollstreckungsakt

Auf Antrag eines Vollstreckungsgläubigers erlässt das Vollstreckungsgericht einen Pfändungsbeschluss. In diesem Beschluss wird die Pfändung des »angeblichen« Anspruchs des Vollstreckungsschuldners gegen den Drittschuldner angeordnet. Vor dem Erlass des Pfändungsbeschlusses wird der Vollstreckungsschuldner nicht durch das Gericht gehört, § 834 ZPO. Der Sachverhalt beruht lediglich auf den einseitigen Erklärungen des Vollstreckungsgläubigers, daher »angeblich«. Die Begründung findet sich in der Möglichkeit des Schuldners, sonst seine Ansprüche gegen den Drittschuldner an eine weitere Person abzutreten und so eine Vollstreckung zu vereiteln.

Für die Pfändung ist die Zustellung des Pfändungsbeschlusses an den Drittschuldner erforderlich, § 829 Abs. 3 ZPO. Aus dem Gesetz ergibt sich, dass auch die Zustellung an den Vollstreckungsschuldner vorgesehen ist, § 829 Abs. 2 Satz 2; diese ist jedoch keine Wirksamkeitsvoraussetzung für die Pfändung.

Die Zustellung erfolgt im so genannten Parteibetrieb § 829 Abs. 2 Satz 1 ZPO, § 166 ff. ZPO. Sie wird durch den Gerichtsvollzieher vorgenommen, im Gegensatz zur Zustellung im Amtsbetrieb, bei der durch den Urkundsbeamten der Geschäftsstelle (UdG) die Zustellung veranlasst wird.

1.2.3.3   Inhalt

Der Pfändungsbeschluss muss das Arrestatorium, § 829 Abs. 1 Satz 1 ZPO (Verbot des Drittschuldners, an den Schuldner zu zahlen), und das Inhibitorium, § 829 Abs. 1 Satz 2 ZPO (Gebot, an den Schuldner nicht über die Forderung zu verfügen) enthalten.

1.2.3.4   Wirkung

Die Pfändung bewirkt als Hoheitsakt die öffentlich-rechtliche Verstrickung am Anspruch des Schuldners gegen den Drittschuldner, daneben entsteht als materiell-rechtliche Wirkung zugunsten des Vollstreckungsgläubigers ein Pfändungspfandrecht an dem Pfandgegenstand.

1.2.3.5   Verwertung

Die Verwertung des Anspruches des Schuldners gegen den Drittschuldner erfolgt durch Überweisung, § 835 Abs. 1 und 2 ZPO.

Die Überweisung ist bewirkt mit Zustellung des Überweisungsbeschlusses an den Drittschuldner, § 835 Abs. 3 ZPO.

Pfändungs- und Überweisungsbeschluss sind rechtlich betrachtet zwei selbständige Beschlüsse. Das Vollstreckungsgericht verwendet in der Praxis ein einheitliches Formular, daher auch die Kurzbezeichnung »PfüB«. Auch der Überweisungsbeschluss wird im Parteibetrieb zugestellt.

Es sind zwei Formen der Überweisung zu unterscheiden, § 835 Abs. 1 ZPO.

Durch die Überweisung an Zahlungs statt, § 835 Abs. 1 ZPO (selten) geht mit der Überweisung der Anspruch des Schuldners gegen den Drittschuldner kraft Hoheitsakt auf den Vollstreckungsgläubiger über. Gleichzeitig geht die Forderung des Vollstreckungsgläubigers gegen den Schuldner unter, soweit der Anspruch gegen den Drittschuldner rechtlich besteht, § 835 Abs. 2 ZPO.

Zahlt der Drittschuldner nun nicht freiwillig an den Gläubiger, so muss dieser ihn als neuer Gläubiger der Forderung verklagen. Aus dem Urteil kann dann der Gläubiger gegen den Drittschuldner vollstrecken. Hat der Drittschuldner kein Vermögen, kann der Gläubiger nicht mehr gegen den ursprünglichen Schuldner vorgehen, weil der dort titulierte Anspruch untergegangen ist. Bei dieser Form der Überweisung trägt also der Gläubiger das Bonitätsrisiko des Drittschuldners.

Bei der Überweisung zur Einziehung, § 835 Abs. 1 ZPO, bleibt rechtlich der Schuldner Inhaber des Anspruches gegen den Drittschuldner. Der Vollstreckungsgläubiger kann aber gemäß § 836 Abs. 1 ZPO über den ihm fremden Anspruch im eigenen Namen verfügen. Der Vollstreckungsgläubiger kann den Anspruch des Schuldners gegen den Drittschuldner also im selben Umfang ausüben, wie wenn er selbst Inhaber des Anspruches wäre. Er kann den Anspruch kündigen, er kann vom Drittschuldner Zahlung verlangen, er kann mit dem Anspruch des Schuldners gegen den Drittschuldner mit einem Zahlungsanspruch des Drittschuldners gegen sich (Vollstreckungsgläubiger) aufrechnen, er kann schließlich den Drittschuldner auf Zahlung an sich verklagen.

Zahlt der Drittschuldner freiwillig an den Vollstreckungsgläubiger, geht der Anspruch des Schuldners gegen den Drittschuldner durch Erfüllung unter. Gleichzeitig stellt die Zahlung des Drittschuldners eine Leistung des Schuldners an den Gläubiger dar, so dass auch der titulierte Anspruch des Gläubigers gegen den Schuldner untergeht.

Zahlt der Drittschuldner hingegen nicht, so gibt der Pfändungs- und Überweisungsbeschluss keine Grundlage für eine Vollstreckung des Gläubigers gegen den Drittschuldner. Der Gläubiger müsste den Drittschuldner auf Zahlung an sich verklagen, da er durch eine Pfändung nicht mehr erlangen kann, als bereits der Schuldner hatte.

MERKE

Des Weiteren kann die Zwangsvollstreckung auf die Herausgabe oder Leistung von Sachen, §§ 846–849 ZPO, oder sonstige Rechte, §§ 857–859 ZPO, gerichtet sein.

Hierzu erfolgen keine Ausführungen, da dies für Kreditinstitute von untergeordneter Bedeutung ist.

1.3 Immobiliarzwangsvollstreckung

Bei der Zwangsvollstreckung aus Zahlungstiteln in das unbewegliche Vermögen des Schuldners, §§ 864 ff. ZPO, ZVG, sind die folgenden, in den nächsten Kapiteln dargestellten Punkte zu beachten.

1.3.1 Vollstreckungsgegenstände

Die Immobiliarzwangsvollstreckung kann erfolgen in
- Grundstücke
- grundstücksgleiche Rechte (Wohnungseigentum, Erbbaurechte)
- Miteigentum an Grundstücken, § 864 Abs. 2 ZPO

Grundstück im Sinne der Immobiliarzwangsvollstreckung ist nicht allein der Boden, sondern das Grundstück als Wirtschaftseinheit (vgl. § 865 Abs. 1 ZPO). Sie bezieht sich auf alles, was unter den Hypothekenhaftungsverband fällt, §§ 1120 ff. BGB:
- Grundstück und wesentliche Bestandteile, §§ 93, 94 BGB
- bestimmte bewegliche Sachen (Zubehör im Eigentum des Grundstückseigentümers, §§ 97, 1120 Abs. 1 BGB)
- Erzeugnisse, § 953 BGB
- Mieten, Pachten, Versicherungsforderungen, § 21 Abs. 2 ZVG

1.3.2 Arten der Immobiliarzwangsvollstreckung

1.3.2.1 Zwangsversteigerung, §§ 1, 15 ff. ZVG

Durch die Zwangsversteigerung wird der Substanzwert des Grundstücks verwertet. Der Schuldner verliert in der Regel dabei sein Eigentum, § 90 ZVG.

1.3.2.2 Zwangsverwaltung, §§ 1, 146 ff. ZPO

Mit dieser Form der Immobiliarzwangsvollstreckung soll der titulierte Anspruch des Gläubigers ohne Verwertung des Grundstücks aus den Grundstückserträgen befriedigt werden. Durch die Zwangsverwaltung sollen die laufenden Erträge aus dem Grundstück verwertet werden. Es wird ein Zwangsverwalter eingesetzt. Diese Art der Verwertung bietet sich vor allem bei Titeln auf regelmäßig wiederkehrende Leistungen an.

Für den Gläubiger kann es sinnvoll sein, die Zwangsverwaltung neben der Zwangsversteigerung gleichzeitig zu betreiben.
- Die Sanierung des Objekts ist notwendig, um einen besseren Verwertungserlös zu erzielen. Die bei der Sanierung entstehenden und vom Gläubiger verauslagten Kosten erhalten im Rahmen der Zwangsversteigerung das Vorrecht der Rangklasse gemäß § 10 Abs. 1 Nr. 1 ZVG.
- Der Zwangsverwalter ist verpflichtet, die öffentlichen Lasten zu zahlen, so dass diese in der Zwangsversteigerung nicht mehr in der Rangklasse gemäß § 10 Abs. 1 Nr. 3 ZVG geltend gemacht werden können.
- Unter Umständen ermöglicht erst die Zwangsverwaltung den Zutritt zum Grundstück, damit der Sachverständige ein Verkehrswertgutachten nach Hausbesichtigung erstellen kann.

1.3.2.3 Zwangshypothek, §§ 867, 868 ZPO

Hierbei ist das Amtsgericht als Grundbuchamt das zuständige Vollstreckungsorgan. Durch die Eintragung einer Zwangshypothek, § 1184 BGB (Sicherungshypothek), erfolgt lediglich eine dingliche Sicherung des Vollstreckungsgläubigers. Eine Zwangshypothek/Sicherungshypothek darf gemäß § 866 ZPO nur eingetragen werden, wenn der Betrag mindestens 750,01 Euro beträgt. Eine solche Eintragung darf auch nicht wegen des geringen Wertes des Grundstücks oder wegen hoher Vorlasten im Grundbuch abgelehnt werden. Eine Befriedigung muss anschließend noch über den Weg der Zwangsversteigerung oder Zwangsverwaltung erfolgen.

1.3.3 Zwangsversteigerung in Grundzügen

Vollstreckungsorgan ist das Vollstreckungsgericht, es ist das Amtsgericht der belegenen Sache, vgl. § 1 ZVG. Funktionell wird der Rechtspfleger tätig.

Wie jede andere Zwangsvollstreckung darf auch die Zwangsvollstreckung eines Grundstücks oder grundstücksgleichen Rechts nur angeordnet werden, wenn die

allgemeinen Vollstreckungsvoraussetzungen erfüllt sind. Dazu gehören insbesondere,
- dass ein dinglicher oder persönlicher Vollstreckungstitel (§ 704 ZPO vollstreckbare Endurteile; § 794 ZPO weitere Vollstreckungstitel) vorliegt.
- dass eine Vollstreckungsklausel erteilt ist (§ 724 ZPO vollstreckbare Ausfertigung; § 725 ZPO Vollstreckungsklausel; § 797 ZPO Verfahren bei vollstreckbaren Urkunden).
- dass die Klausel dem Schuldner rechtzeitig vor Beginn der Zwangsvollstreckung zugestellt ist (§ 750 ZPO Voraussetzungen der Zwangsvollstreckung).
- dass der Schuldner als Eigentümer des zu versteigernden Grundstücks eingetragen oder Erbe des eingetragenen Eigentümers ist (§17 ZVG Eintragung des Schuldners; Nachweis der Erbfolge).

1.3.3.1 Verfahrensgrundsätze

Im Rahmen der Zwangsversteigerung sind bestimmte Verfahrensgrundsätze zu beachten. Hier ist insbesondere der **Ranggrundsatz** zu nennen. Das zu versteigernde Grundstück dient der Befriedigung aller im Grundbuch eingetragenen Gläubiger. Diese erhalten jedoch nicht wie in der Insolvenz prozentual gleiche Quoten auf ihre Forderungen, sondern es richtet sich konsequent nach dem Rangverhältnis, d.h. der jeweils rangbessere Gläubiger wird zuerst vollständig befriedigt und nur, wenn etwas übrig bleibt, erhalten auch die nachrangigen Gläubiger etwas. Diese Rangfolge ist in § 10 Abs. 1 ZVG normiert und wird in den §§ 11 bis 13 ZVG ergänzt.

Innerhalb der gleichen Rangklasse werden Forderungen nach dem Verhältnis der Beträge befriedigt. Ansprüche aus ein und demselben Recht werden in folgender Reihenfolge berichtigt:
- Ersatz der Kosten der dinglichen Rechtsverfolgung, § 10 Abs. 2 ZVG
- Wiederkehrende Leistungen und andere Nebenleistungen
- Hauptanspruch

Tab. 2 Rangklassen

Rang-klasse	
0	Kosten des Zwangsversteigerungsverfahrens
1	Der Anspruch eines die Zwangsverwaltung betreibenden Gläubigers auf Ersatz seiner Ausgaben zur Erhaltung oder notwendigen Verbesserung des Grundstücks; im Fall der Zwangsversteigerung jedoch nur, wenn die Verwaltung bis zum Zuschlag fortdauert und die Ausgaben nicht aus den Nutzungen des Grundstücks erstattet werden können.

Rang-klasse	
1a	Im Falle der Zwangsversteigerung, bei der das Insolvenzverfahren über das Vermögen des Schuldners eröffnet ist, die zur Insolvenzmasse gehörenden Ansprüche auf Ersatz der Kosten der Feststellung der beweglichen Gegenstände, auf die sich die Versteigerung erstreckt; diese Kosten sind nur zu erheben, wenn ein Insolvenzverwalter bestellt ist und pauschal mit vier vom Hundert des Wertes anzusetzen, der nach § 74a Abs. 5 Satz 2 ZVG festgesetzt worden ist.
2	Bei Vollstreckung in ein Wohnungseigentum die daraus fälligen Ansprüche auf Zahlung der Beiträge zu den Lasten und Kosten des gemeinschaftlichen Eigentums oder des Sondereigentums, die nach §§ 16 Abs. 2, 28 Abs. 2 und 5 des Wohnungseigentumsgesetzes geschuldet werden, einschließlich der Vorschüsse und Rückstellungen sowie der Rückgriffsansprüche einzelner Wohnungseigentümer. Das Vorrecht erfasst die laufenden und die rückständigen Beträge aus dem Jahr der Beschlagnahme und den letzten zwei Jahren. Das Vorrecht einschließlich aller Nebenleistungen ist begrenzt auf Beträge in Höhe von nicht mehr als 5 vom Hundert des nach § 74a Abs. 5 ZVG festgesetzten Wertes. Die Anmeldung erfolgt durch die Gemeinschaft der Wohnungseigentümer. Rückgriffsansprüche einzelner Wohnungseigentümer werden von diesen angemeldet.
3	Die Ansprüche auf Entrichtung der öffentlichen Lasten des Grundstücks wegen der aus den letzten vier Jahren rückständigen Beträge; wiederkehrende Leistungen, insbesondere Grundsteuern, Zinsen, Zuschläge oder Rentenleistungen, sowie Beträge, die zur allmählichen Tilgung einer Schuld als Zuschlag zu den Zinsen zu entrichten sind, genießen dieses Vorrecht nur für die laufenden Beträge und für die Rückstände aus den letzten zwei Jahren. Untereinander stehen öffentliche Grundstückslasten, gleichviel ob sie auf Bundes- oder Landesrecht beruhen, im Rang gleich.
4	Die Ansprüche aus Rechten an dem Grundstück, soweit sie nicht infolge der Beschlagnahme dem Gläubiger gegenüber unwirksam sind, einschließlich der Ansprüche auf Beträge, die zur allmählichen Tilgung seiner Schuld als Zuschlag zu den Zinsen zu entrichten sind. Ansprüche auf wiederkehrende Leistungen, insbesondere Zinsen, Zuschläge, Verwaltungskosten oder Rentenleistungen, genießen das Vorrecht dieser Klasse nur wegen der laufenden und der aus den letzten zwei Jahren rückständigen Beträge.
5	Der Anspruch des Gläubigers, soweit er nicht in einer der vorhergehenden Klassen zu befriedigen ist.
6	Die Ansprüche der vierten Klasse, soweit sie infolge der Beschlagnahme dem Gläubiger gegenüber unwirksam sind.
7	Die Ansprüche der dritten Klasse wegen der älteren Rückstände.
9	Die Ansprüche der vierten Klasse wegen der älteren Rückstände.

1.3.3.2 Vollstreckungsakte

Diese sind wie bei der Zwangsvollstreckung in das bewegliche Vermögen die Pfändung und die Verwertung, jedoch mit leicht abweichender Bezeichnung.

Der Versteigerungsantrag kann formlos, schriftlich gestellt werden, § 15 ZVG. Inhaltlich sollte der Antrag enthalten:
- die Bezeichnung des Grundstücks
- den Eigentümer
- den Anspruch
- den vollstreckbaren Titel, § 16 ZVG

Die notwendigen Unterlagen sind dem Antrag beizufügen, § 16 Abs. 2 ZVG. Der im Titel aufgeführte Schuldner, also nicht unbedingt der Darlehensnehmer, sondern der Vollstreckungsschuldner, muss grundsätzlich als Eigentümer des Grundstücks im Grundbuch eingetragen sein.

Das betroffene Grundstück muss sich ebenfalls aus dem Grundbuch ergeben. Wird das Zwangsverfahren nur in einen Bruchteil, zum Beispiel Miteigentumsanteil, beantragt, muss dessen Eigentümer eingetragen sein.

Soll das Verfahren gegen mehrere Schuldner angeordnet werden, müssen diese als Eigentümer vollständig und mit dem für ihre Gemeinschaft maßgeblichen Rechtsverhältnis eingetragen sein. Ein entsprechender Grundbuchauszug ist beizufügen oder es ist auf das bei demselben Amtsgericht geführte Grundbuch Bezug zu nehmen.

Aus abgetretenen Grundschulden kann nur vollstreckt werden, wenn der Abtretungsempfänger auch nachweisbar in den alten Sicherungszweckvertrag eingestiegen ist (BGH Urteil XI ZR 200/09). Die Bundesnotarkammer hat das Urteil im Rundschreiben 20/2010 vom 28.07.2010 behandelt und differenziert nach sogenannten »Neufällen« und »Altfällen«.

Sogenannte Neufälle

Ist eine Brief- oder Buchgrundschuld erstmals nach dem 19.08.2008 bestellt oder ist eine Buchgrundschuld zwar vor dem 20.08.2008 bestellt, aber ausweislich des Grundbuches erstmals nach dem 19.08.2008 abgetreten worden, soll das Urteil keine Auswirkung auf die bisherige Praxis haben. Der Nachweis der treuhänderischen Bindung sei entbehrlich, da hier bereits § 1192 Abs. 1a BGB vor einem einredefreien Erwerb der nicht valutierenden Teile der Grundschuld schütze. Die gegenüber dem Abtretenden geltenden Einreden aus dem Sicherungsvertrag bestehen in einem solchen Neufall also auch gegenüber dem Abtretungsempfänger. In den Neufällen bestehe also kein Nachweiserfordernis hinsichtlich des Sicherungsvertrages (Zweckerklärung).

Sogenannte Altfälle

Die Entscheidung des BGH ist zwar zu einem Forderungsverkauf ergangen, ist aber auf Umschuldungen und Neuvalutierung übertragbar, wenn die Umschreibung der Vollstreckungsklausel auf einen neuen Gläubiger erforderlich ist. Bei der Ablösung von Altfällen werden üblicherweise vom Kunden neue Zweckerklärungen eingeholt, damit ein wirksamer, mit dem Kunden abgestimmter Sicherungsvertrag vorliegt. Damit der Notar aber zukünftig in diesen Fällen die Zwangsvollstreckungsklausel vom bisherigen Gläubiger auf den neuen Gläubiger umschreiben kann, müssen die Unterschriften auf der Zweckerklärung notariell beglaubigt sein. Beglaubigt der Notar lediglich die Unterschriften, fällt hierfür eine ¼ Gebühr nach § 45 KostO an; als Geschäftswert wird wohl von 10 bis 30 Prozent des Grundschuldnennbetrages auszugehen sein.

Neben diesem Weg wird angenommen, dass eine Klauselumschreibung aufgrund einer einseitigen Erklärung des Neugläubigers, dass er einen neuen Sicherungsvertrag (Zweckerklärung) mit dem Schuldner abgeschlossen habe, ausreichen könnte. Auch diese Erklärung müsste in öffentlicher oder öffentlich beglaubigter Form abgegeben werden. Aus dieser Erklärung könnte sich eine Bindung des Abtretungsempfängers an die sicherungsvertraglichen Pflichten aus dem Verbot widersprüchlichen Verhaltens ergeben, so dass der Nachweis der treuhänderischen Bindung der Grundschuld anerkannt werden kann. Ob Sparkassen insoweit ihre eigene Unterschrift mit eigenem Siegel beglaubigen können, ist noch unklar.

Wurde die Unterwerfung des Schuldners unter die sofortige Zwangsvollstreckung aus der Urkunde von einem Vertreter erklärt, ist die Zwangsvollstreckung nur zulässig, wenn die Vollmacht des Vertreters oder bei vollmachtlosem Handeln die Genehmigung durch den Vertretenen durch öffentlich oder öffentlich beglaubigte Urkunden dem Schuldner zugestellt worden sind oder mit Beginn der Vollstreckung zugestellt werden.

Es ist empfehlenswert, dass bereits in der Kreditsachbearbeitung und Kreditkontrolle diese Formalien beachtet werden und auf die Eigentumsumschreibungen aber auch Titelumschreibungen geachtet wird. Insbesondere im Zeitpunkt der Kreditvergabe sollte der Schuldner noch willens und in der Lage sein an diesen Vorgängen mitzuwirken.

Im Antrag muss angegeben werden, ob
- aus einem persönlichen Titel
- aus einem dinglichen Titel oder
- aus beiden Titeln

vollstreckt werden soll. Diese Angabe ist wichtig für die Zuordnung des Antrags in die richtige Rangklasse. Ansprüche aus einem dinglichen Titel fallen in der 4. Rangklasse und Ansprüche aus einem persönlichen Titel in die 5. Rangklasse.

1.3.3.3 Beschlagnahme, § 20 ZVG

Aus der Anordnung der Zwangsversteigerung oder der Zulassung zum Beitritt zu einer Zwangsversteigerung folgt die Beschlagnahme. Die Pfändung des Grundstücks wird also als Beschlagnahme bezeichnet. Es handelt sich um einen staatlichen Hoheitsakt, durch den der Schuldner (=Grundstückseigentümer) die Verfügungsbefugnis über das Grundstück verliert.

Die Beschlagnahme ist mit Zustellung des Vollstreckungsbeschlusses bewirkt, §§ 20 Abs. 1, 22 Abs. 1 ZVG. Die Zustellung erfolgt gemäß § 3 ZVG von Amts wegen.

Nach § 19 ZVG wird das Grundbuchamt durch das Vollstreckungsgericht ersucht, den Versteigerungsvermerk in das Grundbuch einzutragen.

1.3.3.4 Wirkung der Beschlagnahme

Die Beschlagnahme hat die Wirkung eines relativen Veräußerungsverbots. Verfügt der Schuldner nach der Beschlagnahme über das Grundstück, zum Beispiel durch
- Veräußerung des Grundstücks oder
- Belastung des Grundstücks,

so ist diese Verfügung in Bezug auf den Vollstreckungsgläubiger unwirksam.

Teilt der Schuldner nach Wirksamwerden der Beschlagnahme das Grundstück in Wohnungs- und/oder Teileigentum auf, ist dies für das laufende Versteigerungsverfahren unerheblich. Das ursprüngliche Grundstück wird versteigert. Sofern der Gläubiger der Aufteilung zustimmt, werden die neuen Wohnungs- bzw. Teileigentumsrechte versteigert.

Gutgläubiger Erwerb ist bis zur Eintragung des Versteigerungsvermerks in das Grundbuch möglich. Wie bereits oben skizziert, erstreckt sich die Beschlagnahme neben dem Grundstück auf alle Gegenstände im Hypothekenhaftungsverband. Insbesondere werden davon erfasst:
- wesentliche Bestandteile
- Zubehör
- Versicherungsansprüche
- nicht getrennte Früchte

Nicht erfasst werden:
- Miet- und Pachtzinsforderungen; diese werden nur bei der Zwangsverwaltung erfasst.

Hinsichtlich des Zubehörs ist zu beachten, dass die Haftung für Zubehör ausgeschlossen ist, soweit sich dieses zwar auf dem Grundstück befindet, es aber nicht im Eigentum des Schuldners steht. Nach § 55 Abs. 2 ZVG wird auch dieses Zubehör mitversteigert. Der wahre Eigentümer muss seine Rechte auf Freigabe der Zubehörstücke selbst herbeiführen.

Nicht erfasst von der Beschlagnahme werden sogenannte Scheinbestandteile; dabei handelt es sich um bewegliche Sachen, die weder Bestandteil noch Zubehör des Grundstücks sind. Scheinbestandteile sind nur zu einem vorübergehenden Zweck mit Grund und Boden verbunden. Die Zubehöreigenschaft ist vielfach umstritten, zum Teil erfolgt auch eine unterschiedliche Wertung je nach Bundesgebiet. So wird zum Beispiel bei einer Einbauküche im Norden unserer Republik angenommen, es handele sich um einen wesentlichen Bestandteil, zum Teil wird von der Zubehöreigenschaft ausgegangen; andere wiederum lehnen die Zubehöreigenschaft ab. Insoweit bleibt also nur die Prüfung im Einzelfall.

Auch bei beweglichen Sachen kommt ein gutgläubiger Erwerb unabhängig von der Kenntnis des Erwerbers nur bis zur Eintragung in Betracht, § 23 Abs. 2 Satz 2 ZVG.

Mit der Beschlagnahme, §§ 20, 22 ZVG entsteht zugunsten des Gläubigers an dem Grundstück des Schuldners ein Recht zur Verwertung mit dem Rang des § 10 ZVG.

Erfolgt die Zwangsvollstreckung aus einem Zahlungstitel, hat der betreibende Gläubiger die Rangklasse des § 10 Nr. 5 ZVG. Erfolgt die Vollstreckung aus einem dinglichen Titel, betreibt er sie mit der Rangklasse des § 10 Nr. 4 ZVG. Aus dem dinglichen Titel erlangt man also einen besseren Rang als aus einem Zahlungstitel.

1.3.3.5 Verwertung

Grundstücke werden im Wege der öffentlich-rechtlichen Versteigerung verwertet, § 35 ff. ZVG. Die Versteigerung wird durch das Vollstreckungsgericht ausgeführt (§ 35 ZVG).

Sowohl der Ort als auch der Termin der Versteigerung sind öffentlich bekannt zu machen. Die Voraussetzungen für die Bestimmung des Termins sind in § 36 ZVG genannt, wenn auch nicht abschließend. Der Termin soll erst erfolgen, wenn:
- die Beschlagnahme des Grundstücks erfolgt ist (§ 36 I ZVG).
- die Mitteilungen des Grundbuchamtes gemäß § 19 Abs. 2 und 3 ZVG bei Gericht eingegangen sind (§ 36 Abs. 1 ZVG).
- aus dem Grundbuch keine Rechte ersichtlich sind, die der Zwangsversteigerung oder der Fortsetzung des Verfahrens entgegenstehen (§ 28 ZVG).
- die Frist des § 30b Abs. 1 ZVG (Antrag auf einstweilige Einstellung) abgelaufen oder die Rechtskraft des Beschlusses eingetreten ist.
- der Verkehrswert gemäß § 74a Abs. 5 ZVG festgesetzt ist.

Aus diesen Punkten wird schon ersichtlich, dass es sich um ein sehr formalistisches Verfahren handelt, das entsprechende Zeit in Anspruch nimmt.

1.3.3.6 Versteigerungsgebot

Im Versteigerungstermin hat das Gericht insbesondere das »geringste Gebot« (§ 44 ZVG) und das »Übernahmeprinzip« (§§ 49, 52 ZVG) zu beachten.

Bei der Versteigerung darf nur ein solches Gebot zugelassen werden, das die Kosten des Verfahrens und die rangbesseren Gläubiger als den Vollstreckungsgläubiger deckt.

Zweck dieser Norm ist, dass jeder Gläubiger zwar unabhängig von den anderen Gläubigern und selbstständig die Zwangsversteigerung betreiben kann, aber keine Beeinträchtigung vorrangiger Gläubiger eintreten darf. Vorrangige Rechte bleiben bestehen und werden vom Ersteher als Belastung des Grundstücks oder grundstücksgleichen Rechts übernommen.

Betreiben mehrere Gläubiger die Zwangsversteigerung oder ein Gläubiger geht aus mehreren ihm zustehenden Ansprüchen vor, sind die Einzelverfahren zwar innerhalb des Gesamtverfahrens voneinander völlig unabhängig, jedoch wird für jeden Versteigerungstermin nur ein geringstes Gebot festgestellt. Dieses wird an dem Anspruch des rangbesten betreibenden Gläubigers gemessen.

Welcher der Ansprüche der bestrangige ist, richtet sich nach den §§ 10 und 11 ZVG in Verbindung mit den einschlägigen Vorschriften des BGB, wobei Rangvereinbarungen, Rangrücktritte etc. beachtet werden müssen.

Das geringste Gebot muss der Ersteigerer nicht insgesamt bar bezahlen. Zahlen muss er
- die Verfahrenskosten, die gemäß § 109 Abs. 1 ZVG vorweg aus dem Versteigerungserlös zu entnehmen sind;
- die Rechte gemäß § 10 Nr. 1 bis 3 ZVG;
- die Kosten nach §§ 12 Nr. 1, 10 Abs. 2 ZVG;
- die wiederkehrenden Leistungen und andere Nebenleistungen (§ 12 Nr. 2 ZVG) zu den Rechten der Rangklassen § 10 Abs. 1 Nr. 4 und 6 bis 8 ZVG.

Die in das geringste Gebot fallenden Rechte nach § 10 Nr. 4 ZVG muss er nicht bezahlen, weil er das Grundstück belastet mit diesen Rechten erwirbt, §§ 91 Abs. 1, 52, 49, 44 ZVG.

Vor einer Verschleuderung des Grundstücks sollen die Mindestgebote nach § 74a und § 85a ZVG schützen. Beide Grenzen 7/10 bzw. 5/10 gelten nur im ersten Versteigerungstermin, danach reicht das Erreichen des geringsten Gebots.

Gemäß § 74a Abs. 5 ZVG wird der Grundstückswert vom Vollstreckungsgericht festgesetzt, wobei das Gesetz selbst dem Gericht nicht vorschreibt, einen Sachverständigen einzubinden. Der Grundstückswert ist der Verkehrswert. Das ist der Preis, der bei einer freihändigen Veräußerung unter Berücksichtigung von Zustand, Lage, Verwendbarkeit und örtlichen und zeitlichen Besonderheiten erzielt werden kann. Die Orientierung am Verkehrswert dient vor allem dem Schutz des Schuldners und ist daher sachgerecht.

Bei Einfamilienhäusern, Eigentumswohnungen, unbebauten Grundstücken und Gebäuden, die nicht der Vermietung oder Verpachtung dienen, wird in der Regel vom Sachwert ausgegangen. Mietshäuser und andere zur Vermietung oder Verpachtung geeignete Objekte werden nach dem Ertragswert bemessen. Bei anderen gewerblichen Objekten wird in der Regel ein Zwischenwert ermittelt. Durch den Bundesminister für Bauwesen wurde die Wertermittlungsverordnung erlassen, die wegen ihrer allgemein anerkannten Grundsätze auch bei Zwangsversteigerungsverfahren beachtet wird.

1.3.3.7 Zuschlag

Nach Schluss der Versteigerung wird über den Zuschlag verhandelt. Soweit keine Einwendungen bestehen oder keine sonstigen Erklärungen abgegeben werden, ist der Zuschlag sofort zu verkünden. In der Regel erfolgt dies jedoch in einem gesonderten Termin, der von Amts wegen oder auf Antrag bestimmt wird.

Der Ersteher erwirbt mit dem Zuschlag kraft Hoheitsakt das Eigentum, § 90 Abs. 1 ZVG. Der Eigentumserwerb erstreckt sich auch auf schuldnerfremde Grundstücke und Gegenstände. Er erwirbt das Grundstück belastet mit den dinglichen Rechten, die in das geringste Gebot fallen. Nachrangige Rechte erlöschen, §§ 91, 52, 49, 44 ZVG. Der Vollzug der Eigentumsumschreibung im Grundbuch stellt lediglich eine Grundbuchberichtigung dar.

Mitversteigerte Zubehörstücke, deren Eigentümer ihre Rechte nicht rechtzeitig geltend gemacht haben, gehen auf den Ersteher über. Ab Zuschlag stehen die Nutzungen aus dem Grundstück dem Ersteher zu; er trägt allerdings auch Gefahren und Lasten.

Ab Zuschlag müssen von dem Ersteher die Grundsteuern und Zinsen der dinglichen, übernommenen Rechte gezahlt werden.

Der Zuschlag ist für den Ersteher auch wichtig, da er, versehen mit der Klausel, einen Vollstreckungstitel auf Herausgabe gegen den alten Eigentümer darstellt. Gegen Mieter und Pächter stellt er keinen Titel dar, hier muss er sein außerordentliches Kündigungsrecht geltend machen.

1.3.3.8 Verteilungstermin

Anschließend findet das Verteilungsverfahren statt. Hier sind die §§ 105 ff. ZVG zu beachten.

Das Vollstreckungsgericht fordert die beteiligten Gläubiger auf, ihre Forderungen binnen zwei Wochen anzumelden, § 873 ZPO. Danach wird der so genannte Teilungsplan (§ 874 ZPO) erstellt, über den im Verteilungstermin verhandelt wird.

Der Teilungsplan selbst gliedert sich in der Regel in folgende Punkte:
- Vorbemerkung
- Feststellung der bestehen bleibenden Rechte
- Feststellung der Teilungsmasse
- Feststellung der Schuldmasse
- Zuteilung
- Planausführung

1.3.3.9 Überblick über das Grundbuch

Das Grundbuch ist nicht nur wichtig im Rahmen der Zwangsvollstreckung, sondern im ganzen Rechtsverkehr, da hier die wesentlichen Rechtsverhältnisse eines Grundstücks oder grundstücksgleichen Rechts zuverlässig und verbindlich festgehalten sind. Das Grundbuch wird bei den Amtsgerichten geführt. Alle Grundbücher Nordrhein-Westfalens sind beispielsweise auf die elektronische Grundbuchführung umgestellt. Eine Einsichtnahme in Papierform ist nach dieser Umstellung nicht mehr möglich. Grundbuchauszüge werden durch Ausdrucke erstellt. Auf den Ausdrucken erscheinen die ursprünglich roten Unterstreichungen, mit denen gelöschte Eintragungen kenntlich gemacht wurden, in schwarzer Farbe. Ein Grundbuch besteht aus fünf Teilen.

Aufschrift

Die Aufschrift bezeichnet das Amtsgericht, das das Grundbuch führt, den Grundbuchbezirk und die Nummer des Blattes (z. B. Amtsgericht Witten, Grundbuch von Annen, Blatt 4711).

Bestandsverzeichnis

In dem Bestandsverzeichnis sind unter jeder laufenden Nummer die einzelnen Grundstücke aufgeführt, die dem Eigentümer gehören. Dabei werden die einzelnen Grundstücke mit den von den Katasterämtern mitgeteilten Angaben nach Gemarkung, Flur und Flurstück bezeichnet (z. B. Gemarkung Annen, Flur 7, Flurstück 425). Darüber hinaus werden die Wirtschaftsart, Lage (Straße, Hausnummer) und Größe des Grundstücks aufgeführt.

Abteilung I

In Abteilung I wird der Eigentümer eingetragen. Mehrere Eigentümer werden unter Angaben des sie verbindenden Rechtsverhältnisses benannt. Dabei kann es sich zum Beispiel um Erbengemeinschaften oder auch Miteigentumsanteile handeln. Es wird die Grundlage der Eigentumseintragung vermerkt, zum Beispiel im Wege der Erbfolge der zum Nachweis vorgelegte Erbschein, der Zuschlagbeschluss im Falle eines Zwangsversteigerungsverfahrens oder auch ein Kauf- oder Schenkungsvertrag.

Abteilung II

In Abteilung II werden Belastungen des Grundstücks mit Ausnahme von Hypotheken, Grund- und Rentenschulden, Beschränkungen des Verfügungsrechts des Eigentümers, Vormerkungen und Widersprüchen eingetragen. Hierzu gehören zum Beispiel Wohnrechte, Nießbrauch, Reallasten, Insolvenzvermerk, Testamentsvollstreckung oder der Zwangsversteigerungsvermerk. Eine Auflassungsvormerkung wird in der Regel zum Schutz eines Grundstückskäufers eingetragen, weil zwischen Abschluss des notariellen Kaufvertrages und der Umschreibung des Eigentums oft ein längerer Zeitraum vergeht, bis die Finanzierung geregelt ist und die erforderlichen behördlichen Genehmigungen und Unbedenklichkeitsbescheinigungen vorliegen. In dieser Zeit könnte der Verkäufer sonst das Grundstück noch an Dritte verkaufen und denen das Eigentum übertragen oder auch Grundpfandrechte eintragen lassen.

Abteilung III

In Abteilung III werden die Hypotheken, Grund- und Rentenschulden einschließlich der sich auf diese Rechte beziehenden Vormerkungen und Widersprüche eingetragen.

Verfahren

Für das Verfahren beim Grundbuchamt ist im Wesentlichen die Grundbuchordnung einschlägig. Das Grundbuch wird von dem beim jeweiligen Amtsgericht eingerichteten Grundbuchamt geführt. Zuständig dort sind der Rechtspfleger und der Urkundsbeamte der Geschäftsstelle (UdG).

In ein Grundbuch wird grundsätzlich nur etwas eingetragen, wenn derjenige, dessen Rechte durch die Eintragung betroffen sind, die Eintragung auch bewilligt. Beispielsweise muss also der Eigentümer des Grundstücks die Eintragung einer Grundschuld bewilligen. Ebenso muss der Eigentümer eines Grundstücks bewilligen, wenn das Eigentum auf einen anderen übergehen soll. Darüber hinaus muss der Nachweis erbracht sein, dass sich der neue und der alte Eigentümer in notarieller Form geeinigt haben. Von diesem Grundsatz abweichend werden Eintragungen auf Ersuchen eines Gerichts oder einer Behörde vorgenommen. Zum Beispiel kann auf Antrag eines Gläubigers die Eintragung einer Zwangshypothek erfolgen, wenn dieser einen vollstreckbaren Titel wegen einer Geldforderung hat.

Vom Grundbuchamt werden in der Regel nur Eintragungen vorgenommen, wenn die bereits aufgezeigte Eintragungsbewilligung und gegebenenfalls weitere für die Eintragung notwendige Erklärungen durch öffentliche oder öffentlich beglaubigte Urkunden nachgewiesen sind. Für die Praxis heißt dies, dass die Erklärungen notariell beurkundet oder notariell beglaubigt sein müssen.

Ist für eine Person im Grundbuch ein Recht eingetragen, so wird vermutet, dass dieser Person das Recht auch zusteht. Der eingetragene Berechtigte muss im Streitfall dieses Recht nicht beweisen, es ist vielmehr Sache der anderen Partei, das Gegenteil zu beweisen. Zugunsten einer Person, die ein Recht an einem Grundstück oder ein Recht an einem solchen Recht erwirbt, gilt der Inhalt des Grundbuches als richtig, soweit kein Widerspruch gegen die Richtigkeit eingetragen ist oder die Unrichtigkeit dem Erwerber bekannt ist. Man kann sich also auf den Inhalt des Grundbuches verlassen, dass eingetragene Rechte bestehen und nicht eingetragene, aber eintragungsfähige Rechte nicht bestehen.

Jeder Person, die ein berechtigtes Interesse darlegt, ist gemäß § 12 GBO (Grundbuchordnung) die Einsicht in das Grundbuch gestattet. Ein berechtigtes Interesse liegt vor, wenn die Person ein verständliches, durch die Sachlage gerechtfertigtes Interesse verfolgt. In der Regel genügt, dass zur Überzeugung des Grundbuchamtes sachliche Gründe vorgetragen werden, welche die Verfolgung unbefugter Zwecke oder bloße Neugierde ausschließen. Soweit, wie oben geschrieben, die Grundbücher auf elektronische Grundbuchführung umgestellt sind, ist für zugelassene Teilnehmer auch eine Einsichtnahme über das Internet möglich.

2 Verbraucherinsolvenzverfahren

Seit dem 01.01.1999 ist es Schuldnern möglich, sich durch ein Insolvenzverfahren mit einem sich anschließenden Restschuldbefreiungsverfahren von ihren Schulden zu lösen. Ziel des Gesetzgebers ist es, solchen natürlichen Personen einen Neustart zu ermöglichen.

Die Insolvenzordnung sieht für das Verbraucherinsolvenzverfahren vier selbständige, nur nacheinander mögliche Abschnitte vor:
- außergerichtliches Schuldenbereinigungsverfahren
- gerichtlicher Schuldenbereinigungsplan
- vereinfachtes Insolvenzverfahren
- gesetzliches Restschuldbefreiungsverfahren

Für persönlich haftende Unternehmer gelten die folgenden Abschnitte:
- allgemeines Insolvenzverfahren
- gesetzliches Restschuldbefreiungsverfahren

2.1 Verbraucher im Sinne der Insolvenzordnung

Es ist zu unterscheiden zwischen dem Verbraucher- und dem Regelinsolvenzverfahren. Grundsätzlich muss es sich zunächst um eine natürliche Person (Mensch) handeln.

Als **Verbraucher** gilt jede natürliche Person, die keine oder nur geringfügige selbständige wirtschaftliche Tätigkeit ausübt oder ausgeübt hat.

Selbständige natürliche Personen, die im Zeitpunkt der Insolvenzantragstellung noch ihre selbständige Tätigkeit ausüben, unterfallen dem Regelinsolvenzverfahren.

Ehemals Selbständige können das Verbraucherinsolvenzverfahren nutzen, sofern ihre Vermögensverhältnisse überschaubar sind und keine Forderungen aus Arbeitsverhältnissen bestehen, § 304 InsO. Überschaubar sind die Verhältnisse, wenn sich der Schuldner im Zeitpunkt der Verfahrenseröffnung nicht mehr als 19 Gläubigern gegenüber sieht. Bei Forderungen aus Arbeitsverhältnissen sind vor allem Forderungen von Sozialversicherungsträgern und Finanzämtern zu nennen.

2.2 Insolvenzgründe

Bei natürlichen Personen sind als Insolvenzgründe allein entweder die **Zahlungsunfähigkeit** (§ 17 InsO) oder die **drohende Zahlungsunfähigkeit** (§ 18 InsO) möglich. Eine Insolvenzantragspflicht besteht für natürliche Personen nicht. Demnach können sich natürliche Personen grundsätzlich auch nicht einer Schadensersatzpflicht gegenüber Dritten aussetzen, wenn sie eben keinen Insolvenzantrag stellen.

Zahlungsunfähigkeit liegt vor, wenn der Schuldner nicht in der Lage ist, seinen fälligen Zahlungsverpflichtungen nachzukommen. In der Regel ist dies anzunehmen, wenn der Schuldner seine Zahlungen eingestellt hat. Eine nur vorübergehende Zahlungsunfähigkeit ist dagegen kein Insolvenzgrund. In einer solchen Situation wird auch von Zahlungsstockung gesprochen.

Den genauen Zeitpunkt festzustellen, wann Zahlungsunfähigkeit vorliegt, ist in der Regel recht schwer. Bei Zahlungseinstellung liegt der Zeitpunkt noch klar auf der Hand. Die neuere Rechtsprechung des Bundesgerichtshofes nimmt an, dass regelmäßig Zahlungsunfähigkeit vorliegt, wenn die Liquiditätslücke des Schuldners 10 Prozent oder mehr beträgt, soweit nicht ausnahmsweise mit an Sicherheit grenzender Wahrscheinlichkeit zu erwarten ist, dass die Lücke innerhalb von drei Wochen (fast) vollständig beseitigt wird und den Gläubigern ein solches Zuwarten zuzumuten ist.

Die Prüfung, ob Zahlungsunfähigkeit vorliegt, erfolgt also in zwei Schritten:
- Ist die Liquiditätslücke ≥ 10 Prozent?
- Kann die Zahlungsfähigkeit innerhalb von drei Wochen wieder hergestellt werden?

Kommt es wiederholt zu Zahlungsstockungen und sind vor allem Lohn- und Gehaltszahlungen, Steuern oder Sozialabgaben rückständig, kann auch dann von Zahlungsunfähigkeit ausgegangen werden.

Letztlich lässt sich der Eintritt der Zahlungsunfähigkeit nur im Nachgang durch ein Gutachten ermitteln.

Um einem Schuldner zu einem möglichst frühen Zeitpunkt die Möglichkeit zu geben, ein Insolvenzverfahren zu beantragen, wurde der Tatbestand der **drohenden Zahlungsunfähigkeit** geschaffen. Unter **drohender Zahlungsunfähigkeit** versteht man die Situation, dass der Schuldner nicht in der Lage sein wird, seine bestehenden Zahlungsverpflichtungen zu einem späteren Fälligkeitszeitpunkt zu erfüllen. Bei der drohenden Zahlungsunfähigkeit, ist der Schuldner berechtigt, auch die Verbindlichkeiten zu berücksichtigen, die zwar bestehen, aber noch nicht fällig sind. Somit wird bei dieser Betrachtung also nicht auf einen bestimmten Zeitpunkt abgestellt, sondern die voraussichtliche Entwicklung auf einen künftigen Zeitraum, in der Regel ein Jahr, projiziert.

Dieser Insolvenzgrund steht nur dem Schuldner zu, Dritte dürfen einen Insolvenzantrag nicht auf diesen Grund stützen. Dies insbesondere vor dem Hintergrund, dass ein Dritter nicht durch einen solchen Insolvenzantrag Druck auf den Schuldner ausübt.

2.3 Insolvenzantrag/Gerichtszuständigkeit

Ein Insolvenzverfahren wird nur auf Antrag eingeleitet. Der Antrag muss bei dem zuständigen Gericht gestellt werden.

Gemäß § 2 InsO sind die Amtsgerichte als Insolvenzgericht zuständig. Es handelt sich um die Amtsgerichte am Sitz des Landgerichts. Die örtliche Zuständigkeit ergibt sich in der Regel aus dem Wohnsitz des Schuldners, § 3 InsO in Verbindung mit § 13 ZPO.

Der Antrag auf Eröffnung des Verbraucherinsolvenzverfahrens muss auf amtlichen Vordrucken gestellt werden. Die Vordrucke sind entweder beim zuständigen Insolvenzgericht oder über das Internet erhältlich.

Antrag auf Eröffnung des Insolvenzverfahrens kann sowohl durch den Schuldner als auch durch einen Gläubiger gestellt werden. Zur Erlangung der Restschuldbefreiung (§§ 286 ff. InsO) muss der Insolvenzantrag durch den Schuldner gestellt worden sein.

2.4 Verfahren

Vor Verfahrenseröffnung muss der Schuldner mit seinen Gläubigern einen außergerichtlichen Einigungsversuch auf Grundlage eines Planes versuchen.

Dieser Einigungsversuch ist zwingende Voraussetzung für die Einleitung des gerichtlichen Insolvenzverfahrens.

Allgemeine mündliche oder schriftliche Anfragen bei Gläubigern, ob diese bereit sind, sich gütlich über die Schuldentilgung zu einigen, genügen nicht.

Der Einigungsversuch muss ernsthaft betrieben werden. Der Schuldner muss seine Einkommens- und Vermögensverhältnisse darlegen und einen konkreten Vorschlag zur Schuldentilgung durch Zahlungs- und Tilgungsplan unterbreiten.

Dieser Plan ist mit den Gläubigern frei verhandelbar; auch sogenannte »Nullpläne« sind möglich (Nullplan = der Schuldner erklärt, die Gläubiger erhalten nichts). Vom Gesetz wird keine Mindestquote für die Gläubiger gefordert. Da solche Nullpläne leider die Regel darstellen, sollte sich die Sparkasse/Bank überlegen, ob sie auf einen solchen Plan wirklich reagieren will und sich die Mühe einer intensiven Prüfung des Plans auferlegen möchte oder ob sie einfach nicht reagiert. Keine Reaktion auf den Nullplan kann nicht zum Nachteil der Sparkasse/Bank führen.

Ein außergerichtlicher Vergleich ist nur dann erfolgreich, wenn alle Gläubiger zustimmen. In diesem Stadium des Verfahrens gilt das Schweigen eines Gläubigers als Ablehnung. Betreibt einer der Gläubiger während des Versuchs der außergerichtlichen Einigung eine Zwangsvollstreckungsmaßnahme, so gilt auch dann der Einigungsversuch als gescheitert.

Scheitert der außergerichtliche Einigungsversuch, kann bei Gericht der schriftliche Antrag auf Eröffnung des Insolvenzverfahrens gestellt werden. Dem Antrag ist die Bescheinigung einer geeigneten Stelle oder Person über den gescheiterten Einigungsversuch beizufügen. Geeignete Personen sind zum Beispiel Rechtsanwälte, Notare oder Steuerberater. Geeignete Stellen sind in der Regel Schuldnerberatungsstellen. Empfehlenswert ist, bereits bei der Vorbereitung und Durchführung des außergerichtlichen Einigungsversuchs Hilfe bei einer geeigneten Stelle oder Person zu ersuchen.

Die notwendigen Formulare stehen auch über das Internet unter www.justiz.nrw.de zur Verfügung.

2.5 Gerichtlicher Schuldenbereinigungsplan

Bei Stellung des Antrags auf Eröffnung des Verbaucherinsolvenzverfahrens hat der Schuldner den Plan, der dem außergerichtlichen Einigungsversuch zugrunde lag, vorzulegen und die wesentlichen Gründe für das Scheitern des Planes darzulegen. Weiter sind mit dem Antrag einzureichen:
- die Bescheinigung der geeigneten Stelle/Person über das Scheitern des außergerichtlichen Einigungsversuchs,
- der Antrag auf Erteilung der Restschuldbefreiung,
- ein Verzeichnis über die Einkommens- und Vermögenssituation,
- eine Vermögensübersicht,
- ein Gläubiger- und Forderungsverzeichnis,
- die Erklärung, dass die in den Unterlagen enthaltenen Angaben richtig und vollständig sind und
- ein Schuldenbereinigungsplan.

Der zuletzt genannte Schuldenbereinigungsplan ist ein selbständiger Vorschlag gegenüber dem Plan im außergerichtlichen Einigungsversuch, kann mit diesem jedoch inhaltlich völlig identisch sein.

Werden die aufgelisteten Unterlagen, trotz nochmaliger Aufforderung durch das zuständige Amtsgericht, nicht vollständig eingereicht, so gilt der Antrag als zurückgenommen. Das Verfahren ist damit beendet.

Das zuständige Amtsgericht kann zunächst nochmals versuchen, eine Einigung zwischen dem Schuldner und den Gläubigern zu erzielen. Diese Entscheidung liegt im freien Ermessen des Gerichts. Wählt das Gericht diesen Weg, so wird der Schuldner aufgefordert, die erforderliche Anzahl von Abschriften des Schuldenbereinigungsplans und der Vermögensübersicht innerhalb von zwei Wochen bei Gericht einzureichen. Diese Unterlagen werden dann durch das Gericht, den vom Schuldner benannten Gläubigern zugestellt. Die Gläubiger werden aufgefordert, innerhalb eines Monats zu dem Schuldenbereinigungsplan sowie dem Gläubiger-, Forderungs- und Vermögensverzeichnis Stellung zu nehmen. Darüber hinaus erfolgt der Hinweis, dass diese Verzeichnisse beim Insolvenzgericht zur Einsicht niedergelegt sind.

Reagieren die Gläubiger nicht, so wird dieses als Zustimmung zum vorgelegten Schuldenbereinigungsplan gewertet!

Stimmen alle Gläubiger dem Schuldenbereinigungsplan zu, werden die Anträge auf Eröffnung des Insolvenzverfahrens und die Restschuldbefreiung als zurückgenommen gewertet. Der Schuldner hat nicht mehr die ursprünglichen Forderungen der Gläubiger zu erfüllen, sondern nur noch die im Schuldenbereinigungsplan aufgeführten Verbindlichkeiten.

Der Schuldenbereinigungsplan hat die Wirkung eines gerichtlichen Vergleichs, d.h., er hat die Wirkung eines gerichtlichen Titels, aus dem vollstreckt werden kann, wenn der Schuldner die getroffenen Vereinbarungen nicht einhält.

Entscheidet sich die Mehrzahl der Gläubiger nach Kopf und Forderungssumme für den Schuldenbereinigungsplan, so kann das Gericht die Zustimmung der Minderheit (der nicht zustimmenden Gläubiger) ersetzen. Wird ein Gläubiger im Verhältnis zu den anderen unangemessen und durch den Schuldenbereinigungsplan voraussichtlich schlechter gestellt als bei Durchführung des gerichtlichen Verfahrens, darf das Gericht seine Zustimmung nicht ersetzen. Durch diese Ersetzungsbefugnis soll die Schuldenbereinigung nicht wegen ungerechtfertigter Ablehnung des Schuldenbereinigungsplans einzelner Gläubiger scheitern.

Die Gläubiger, die keine Gelegenheit hatten, bei diesem Schuldenbereinigungsverfahren mitzuwirken, können ihre Forderungen weiter in voller Höhe verlangen. Wichtig für den Schuldner ist also, dass er alle Gläubiger benannt hat, damit auch alle in die Schuldenbereinigung einbezogen werden können.

2.6 Gerichtliches Verbraucherinsolvenzverfahren

Das Insolvenzverfahren wird eröffnet, wenn kein außergerichtlicher oder gerichtlicher Schuldenbereinigungsplan beschlossen wird oder der gerichtliche Einigungsversuch mangels Erfolgsaussichten nicht durchgeführt worden ist.

Zunächst wird vom Insolvenzgericht geprüft, ob die Verfahrenskosten (Gerichtskosten, Auslagen, Kosten des Insolvenzverwalters/Treuhänders) gedeckt sind, oder ob diese Kosten dem Schuldner gestundet werden können. Hat das Gericht die Kostenfrage geklärt, so wird der Eröffnungsbeschluss erlassen und dieser öffentlich bekannt gegeben. Im Beschluss sind Datum und Stunde anzugeben. Die Sparkasse/Bank kann sich nicht darauf verlassen, über jede Insolvenzeröffnung ihrer Kunden informiert zu werden. Sie muss selbst überprüfen, ob ein Verfahren zu einem ihrer Kunden irgendwo eröffnet wurde. Hier ist entweder die manuelle Abfrage bei den einzelnen Insolvenzgerichten über das Internet notwendig oder man schließt einen kostenpflichtigen Vertrag mit einem Anbieter, der diese Aufgabe übernimmt.

Mit der Eröffnung des Verfahrens verliert der Schuldner die Verfügungsbefugnis über sein zur Insolvenzmasse gehörendes Vermögen.

Vom Gericht wird bei einem Verbraucherinsolvenzverfahren ein »Treuhänder« bestimmt. Dieser ist eine neutrale Person, die auch durch den Schuldner vorgeschlagen werden kann. Mit dem durch das Gericht erlassenen Eröffnungsbeschluss geht die Verwaltungs- und Verfügungsbefugnis über das zur Insolvenzmasse gehörende Schuldnervermögen auf den Treuhänder über.

Zu der Insolvenzmasse gehört das im Zeitpunkt der Insolvenzeröffnung pfändbare Vermögen und das Vermögen, das der Schuldner während des Insolvenzverfahrens erlangt.

Im Gegensatz zum Regelinsolvenzverfahren ist wegen des bereits durchgeführten Vorverfahrens ein Berichtstermin, in dem der Forderungsbestand gegen den Insolvenzschuldner festgestellt wird, nicht notwendig. Das Verfahren kann und wird in der Regel auch schriftlich durchgeführt werden.

Nach der Verteilung des Schuldnervermögens durch den Treuhänder wird in einem Schlusstermin, in dem die Gläubiger und der Treuhänder gehört werden, durch Gerichtsbeschluss festgelegt, ob der Insolvenzschuldner die Restschuldbefreiung erlangt, wenn er die ihm auferlegten Obliegenheiten in der Wohlverhaltensphase erfüllt und keine Versagungsgründe, die auf Antrag eines Gläubigers zu prüfen sind, vorliegen.

2.7 Restschuldbefreiung

Voraussetzung, die Restschuldbefreiung zu erlangen ist, dass der Insolvenzschuldner selbst den Insolvenzantrag gestellt hat und diesen mit dem Antrag auf Restschuldbefreiung verbunden hat. Des Weiteren darf kein Versagungsgrund vorliegen, zum Beispiel:
- eine rechtskräftige Verurteilung des Schuldners wegen einer Insolvenzstraftat.
- wenn der Schuldner in den letzten drei Jahren vor dem Antrag auf Eröffnung des Insolvenzverfahrens vorsätzlich oder grob fahrlässig schriftlich unrichtige oder unvollständige Angaben über seine wirtschaftlichen Verhältnisse gemacht hat, um Kredit zu erhalten, Leistungen aus öffentlichen Mitteln zu beziehen oder Leistungen an öffentliche Kassen zu vermeiden.
- wenn der Schuldner während des Verfahrens Auskunfts- oder Mitwirkungspflichten verletzt oder im letzten Jahr vor dem Antrag auf Eröffnung des Insolvenzverfahrens unangemessene Schulden gemacht oder Vermögen verschwendet hat.
- wenn dem Schuldner bereits in den letzten 10 Jahren vor Antrag auf Eröffnung des Insolvenzverfahrens die Restschuldbefreiung erteilt oder versagt wurde.

Nach Durchlaufen des Insolvenzverfahrens (Ende = Schlusstermin) schließt sich die so genannte Wohlverhaltensphase an. Diese umfasst einen Zeitraum von sechs Jahren ab Eröffnung des Insolvenzverfahrens. In dieser Zeit hat der Schuldner folgende Pflichten:
- sein pfändbarer Teil des Arbeitseinkommens ist an den vom Gericht bestellten Treuhänder abzuführen.
- Erbschaften hat der Schuldner zur Hälfte an den Treuhänder abzuführen.

- er muss eine angemessene Erwerbstätigkeit ausüben. Wenn er arbeitslos ist, muss er sich intensiv um eine Arbeitsstelle bemühen und jede zumutbare Stelle annehmen. Übt der Schuldner eine selbständige Tätigkeit aus, müssen die Insolvenzgläubiger so gestellt werden, wie wenn der Schuldner ein angemessenes Arbeitsverhältnis eingegangen wäre.
- Der Schuldner hat dem Treuhänder und dem Insolvenzgericht jeden Wechsel des Wohnortes und des Arbeitsplatzes anzuzeigen.
- Jegliche Zahlungen zur Befriedigung von Insolvenzgläubigern dürfen nur über den Treuhänder erfolgen.

Bereits im Schlusstermin stellt das Gericht fest, dass Restschuldbefreiung gewährt wird, wenn der Schuldner seinen Obliegenheiten nachkommt. Verstößt der Insolvenzschuldner gegen eine der genannten Pflichten, kann das Gericht auf Antrag eines Insolvenzgläubigers bereits während der Wohlverhaltensphase die Restschuldbefreiung versagen.

Der eingesetzte Treuhänder verteilt das pfändbare Einkommen entsprechend der festgesetzten Quote (jeweiliger Anteil an den Gesamtverbindlichkeiten) an die Gläubiger. Im fünften Jahr der Wohlverhaltensphase erhält der Insolvenzschuldner 10 Prozent und im sechsten Jahr 15 Prozent der abgetretenen Beträge als Bonus/Anreiz.

Während der Dauer der Wohlverhaltensphase sind Zwangsvollstreckungsmaßnahmen einzelner Insolvenzgläubiger nicht zulässig. Ergangene Pfändungen sind mit Eröffnung des Verfahrens unwirksam.

Hat der Insolvenzschuldner die Wohlverhaltensphase durchlaufen, wird durch das Gericht nach Anhörung des Schuldners, der Gläubiger und des Treuhänders ein förmlicher Beschluss über die Restschuldbefreiung erlassen. Der Schuldner ist damit schuldenfrei, soweit keine Verletzung von Obliegenheiten gegeben ist oder Versagungsgründe vorliegen.

Ausgenommen von der Schuldbefreiung sind Schulden aus vorsätzlich begangenen, unerlaubten Handlungen, aus Geldstrafen, Geldbußen, Zwangs- und Ordnungsgeldern und natürlich neu eingegangenen Schulden, die im Verlauf der Wohlverhaltensphase aufgelaufen sind. Der Beschluss wird öffentlich bekannt gemacht.

Stellt sich nachträglich heraus, dass der Schuldner während der Wohlverhaltensphase Pflichten vorsätzlich verletzt und dadurch die Befriedigung der Insolvenzgläubiger erheblich beeinträchtigt hat, kann das Insolvenzgericht die Erteilung der Restschuldbefreiung innerhalb eines Jahres danach widerrufen.

2.8 Stundung der Verfahrenskosten

Voraussetzung für die Eröffnung des gerichtlichen Insolvenzverfahrens ist, dass die Kosten des Verfahrens gedeckt sind. Wie hoch die Kosten im Einzelfall sind, hängt vom Wert des Schuldnervermögens und der Höhe der entstandenen Auslagen ab.

Damit auch Schuldner, die nicht in einem die Kosten des Insolvenzverfahrens aufbringen können, für die das Verfahren gerade Bedeutung hat, nicht von dem Verfahren ausgeschlossen werden, hat der Gesetzgeber die §§ 4a bis d InsO eingefügt. Dadurch wird natürlichen Personen die Stundung der Verfahrenskosten ermöglicht. Um in den Genuss der Stundung zu gelangen, muss die natürliche Person den Antrag auf Eröffnung des Insolvenzverfahrens mit dem Antrag auf Restschuldbefreiung verbinden und einen Antrag auf Stundung der Verfahrenskosten stellen. Die Stundungsmöglichkeit besteht sowohl im Verbraucherinsolvenzverfahren als auch im Regelinsolvenzverfahren. Es werden die Gerichtskosten und die Kosten des Treuhänders gestundet. Die Stundung erfolgt für die Phasen des Schuldenbereinigungsplans und die Wohlverhaltensphase abschnittsweise. Ist der Schuldner auch nach Ablauf der Wohlverhaltensphase und Erteilung der Restschuldbefreiung nicht in der Lage, die gestundeten Verfahrenskosten zu begleichen, so kann das Gericht die Stundung für weitere vier Jahre aussprechen. Nach Ablauf dieser vier Jahre können dem Schuldner die Verfahrenskosten zulasten der Staatskasse erlassen werden.

Das Gericht kann jederzeit auch noch im Verlauf der letzten vier Jahre die Stundung aufheben, wenn die Voraussetzungen zur Stundung aus persönlichen oder wirtschaftlichen Gründen nicht mehr vorliegen oder dem Schuldner Verfehlungen anzulasten sind.

3 Regelinsolvenzverfahren

Ziel des Regelinsolvenzverfahrens ist die gemeinschaftliche Befriedigung aller Gläubiger eines Insolvenzschuldners. Dieses erfolgt durch Verwertung des Schuldnervermögens, Sanierung, übertragene Sanierung oder Zerschlagung.

Wichtigstes Ziel des Gesetzgebers war es, von der bestehenden »Zerschlagungsautomatik« abzukommen und Sanierungsbemühungen zu fördern. Neben dem Regelinsolvenzverfahren wurde das Verbraucherinsolvenzverfahren eingeführt, das neben Verbrauchern auch bestimmten ehemals Selbständigen offen steht. Besonders zu erwähnen sind die Möglichkeit der Restschuldbefreiung für natürliche Personen und die Stundung der Verfahrenskosten für Schuldner, die nicht in der Lage sind, diese Kosten aufzubringen und die sonst von dem Verfahren ausgeschlossen wären.

3.1 Verbraucher- oder Regelinsolvenzverfahren

Jeder, der im Zeitpunkt der Insolvenzantragstellung Selbstständiger ist, unabhängig vom Umfang seiner selbständigen Tätigkeit, unterfällt dem Regelinsolvenzverfahren.

Ehemals Selbstständige können das Verbraucherinsolvenzverfahren nutzen, sofern ihre Vermögensverhältnisse überschaubar sind und keine Forderungen aus Arbeitsverhältnissen bestehen, § 304 InsO. Überschaubar sind die Verhältnisse, wenn sich der Schuldner im Zeitpunkt der Verfahrenseröffnung nicht mehr als 19 Gläubigern gegenübersieht. Bei Forderungen aus Arbeitsverhältnissen sind vor allem Forderungen von Sozialversicherungsträgern und Finanzämtern zu nennen. Siehe hierzu die Ausführungen zum Verbraucherinsolvenzverfahren.

3.2 Insolvenzantrag/Gerichtszuständigkeit

Ein Insolvenzverfahren wird nur auf Antrag eingeleitet. Der Antrag muss bei dem zuständigen Gericht gestellt werden.

Gemäß § 2 InsO sind die Amtsgerichte als Insolvenzgericht zuständig. Es handelt sich um die Amtsgerichte am Sitz des Landgerichts. Die örtliche Zuständigkeit ergibt sich in der Regel aus dem allgemeinen Gerichtsstand des Schuldners, § 3 InsO in Verbindung mit §§ 12, 17 ZPO. Das ist in der Regel der Wohnsitz. Liegt der Mittelpunkt der selbständigen Tätigkeit in einem anderen Ort, ist ausschließlich das Insolvenzgericht zuständig, in dessen Bezirk der Ort liegt.

Der Antrag auf Eröffnung des Insolvenzverfahrens kann formlos durch den Schuldner selbst oder durch einen seiner Gläubiger gestellt werden.

Für natürliche Personen besteht keine Insolvenzantragspflicht. Im Gegensatz dazu ist dies bei juristischen Personen gesetzlich in § 15a InsO normiert.

Wird eine juristische Person zahlungsunfähig (§ 17 InsO) oder überschuldet (§ 19 InsO), haben die Mitglieder des Vertretungsorgans (Vorstand/Geschäftsführung) ohne schuldhaftes Zögern, spätestens aber drei Wochen nach Eintritt der Zahlungsunfähigkeit oder Überschuldung einen Insolvenzantrag zu stellen. Sollte die Gesellschaft führungslos sein, sind auch die Gesellschafter zur Antragsstellung berechtigt.

Bei den Gesellschaften des Handelsgesetzbuches, bei denen kein persönlich haftender Gesellschafter eine natürliche Person ist, sind für die OHG § 130a HGB und für die KG §§ 161, 130a HGB zu beachten. Auch bei diesen Gesellschaften ist der Insolvenzantrag ohne schuldhaftes Verzögern, spätestens aber drei Wochen nach Eintritt der Zahlungsunfähigkeit oder der Überschuldung der Gesellschaft zu stellen.

Erfolgt die Antragstellung durch einen Gläubiger, genügt ein rechtliches Interesse und die Glaubhaftmachung des Insolvenzgrundes; ein Vollstreckungstitel muss nicht vorliegen. Der Gläubiger kann die Glaubhaftmachung durch Vorlage von Belegen, zum Beispiel Schuldscheinen oder durch eidesstattliche Versicherung (§ 294 ZPO) bewirken.

Verfügt der Gläubiger indes über einen Titel, genügt die Vorlage des Protokolls zur Abgabe der eidesstattlichen Versicherung oder eine Fruchtlosigkeitsbescheinigung, die nicht älter als sechs Monate sein soll. Das rechtliche Interesse des Gläubigers liegt nicht vor, wenn er mit seinem Antrag andere, also insolvenzfremde Interessen, verfolgt. Das können so genannte Druckanträge, um die Begleichung von Forderungen zu erzielen, Verschaffung von Wettbewerbsvorteilen durch Verdrängung des Schuldners vom Markt oder Ähnliches sein. Treten solche Gründe zutage, können sich gegebenenfalls Schadensersatzpflichten wegen Kreditgefährdung (§ 824 BGB) für den Gläubiger ergeben.

Handelt es sich bei der vom Gläubiger zu beanspruchenden Forderung um die einzige Verbindlichkeit des Schuldners und bestreitet dieser den Forderungsbestand, so ist der Eröffnungsantrag unzulässig – der Gläubiger ist auf den Zivilrechtsweg zu verweisen.

3.3 Insolvenzgründe

Eröffnungsgründe sind **Zahlungsunfähigkeit** (§ 17 InsO) und **Überschuldung** (§ 19 InsO). Beantragt der Schuldner selbst die Eröffnung des Insolvenzverfahrens, ist auch die **drohende Zahlungsunfähigkeit** (§ 18 InsO) ein Eröffnungsgrund.

3.3.1 Drohende Zahlungsunfähigkeit

Unter **drohender Zahlungsunfähigkeit** versteht man die Situation, dass der Schuldner nicht in der Lage sein wird, seine bestehenden Zahlungsverpflichtungen zu dem späteren Fälligkeitszeitpunkt zu erfüllen.

Grundlage der Beurteilung ist ein Finanz- und Liquiditätsplan, der die flüssigen Mittel sowie Planeinzahlungen und Planauszahlungen gegenüberstellt. Zukünftige Kreditaufnahmen fließen ebenso mit in den Plan ein, wie zukünftig entstehende Verbindlichkeiten. Diese Verbindlichkeiten müssen zwar noch nicht begründet sein, jedoch mit an Sicherheit grenzender Wahrscheinlichkeit begründet werden. Die Planung sollte auf einen Zeithorizont von mindestens einem halben Jahr, besser auf ein Jahr erstellt werden. Wird auf Grundlage dieses Plans festgestellt, dass in einem bestimmten Zeitpunkt der Eintritt der Zahlungsunfähigkeit überwiegend wahrscheinlich ist, liegt der Insolvenzgrund der drohenden Zahlungsunfähigkeit vor.

Dieser Insolvenzgrund steht nur dem Schuldner zu, Dritte dürfen einen Insolvenzantrag nicht auf diesen Grund stützen. Dies insbesondere vor dem Hintergrund, dass ein Dritter nicht durch einen solchen Insolvenzantrag Druck auf den Schuldner ausübt.

3.3.2 Zahlungsunfähigkeit

Zahlungsunfähigkeit liegt vor, wenn der Schuldner nicht in der Lage ist, seinen fälligen Zahlungsverpflichtungen nachzukommen. In der Regel ist dies anzunehmen, wenn der Schuldner seine Zahlungen eingestellt hat. Eine nur vorübergehende Zahlungsunfähigkeit ist dagegen kein Insolvenzgrund. In einer solchen Situation wird auch von **Zahlungsstockung** gesprochen.

Die neuere Rechtsprechung des Bundesgerichtshofes nimmt an, dass regelmäßig Zahlungsunfähigkeit vorliegt, wenn die Liquiditätslücke des Schuldners 10 Prozent oder mehr beträgt, soweit nicht ausnahmsweise mit an Sicherheit grenzender Wahrscheinlichkeit zu erwarten ist, dass die Lücke innerhalb von drei Wochen (fast) vollständig beseitigt wird und den Gläubigern ein solches Zuwarten zuzumuten ist.

Den genauen Zeitpunkt festzustellen, wann Zahlungsunfähigkeit vorliegt, ist in der Regel nur schwer zu ermitteln. Bei Zahlungseinstellung liegt der Zeitpunkt noch klar auf der Hand. Die neuere Rechtsprechung des Bundesgerichtshofes nimmt an, dass regelmäßig Zahlungsunfähigkeit vorliegt, wenn die Liquiditätslücke des Schuldners 10 Prozent oder mehr beträgt, soweit nicht ausnahmsweise mit an Sicherheit grenzender Wahrscheinlichkeit zu erwarten ist, dass die Lücke innerhalb von drei Wochen (fast) vollständig beseitigt wird und den Gläubigern ein solches Zuwarten zuzumuten ist.

Die Prüfung ob Zahlungsunfähigkeit vorliegt, erfolgt also in zwei Schritten:
- Ist die Liquiditätslücke ≥ 10 Prozent?
- Kann die Zahlungsfähigkeit innerhalb von drei Wochen wieder hergestellt werden?

Kommt es wiederholt zu Zahlungsstockungen und sind vor allem Lohn- und Gehaltszahlungen, Steuern oder Sozialabgaben rückständig, kann auch dann von Zahlungsunfähigkeit ausgegangen werden.

3.3.3 Überschuldung

Der Insolvenzgrund der **Überschuldung** ist auf juristische Personen und Gesellschaften ohne Rechtspersönlichkeit, bei denen kein persönlich haftender Gesellschafter eine natürliche Person ist (GmbH & Co. KG), gemünzt. Eine Überschuldung ist gegeben, wenn sich aus der Bilanz ergibt, dass die Passiva die Aktiva übersteigen, das Eigenkapital also aufgezehrt oder sogar negativ ist. Die Feststellung der Überschuldung ist im Einzelfall schwierig. Für die Bewertung sind nachfolgende Kriterien zu beachten:

- Eine Überschuldungsbilanz ist nicht mit der Handelsbilanz identisch. Es handelt sich um eine »Sonderbilanz«.
- Es sind die tatsächlichen Zeitwerte zu ermitteln, handelsrechtliche Bewertungsvorschriften bleiben außer Acht.
- Die Aktiva werden mit ihrem wahren Wert, d. h. Verkehrswerten unter Auflösung stiller Reserven angesetzt.
- Für Finanzanlagen ist der Ertragswert entscheidend.
- Vorräte (RHB und Halb- und Fertigprodukte) werden unter Liquiditätsgesichtspunkten zu ihrem Marktwert angesetzt.
- Forderungen aus Lieferungen und Leistungen sind nach dem Vorsichtsprinzip zu bewerten.
- Die Passiva sind als echt bestehende Verbindlichkeiten anzusetzen; es sind auch Verbindlichkeiten, die noch nicht fällig sind, zu berücksichtigen.
- Rückstellungen sind anzusetzen, wenn die Inanspruchnahme wahrscheinlich ist.
- Eigenkapitalersetzende Gesellschafterdarlehen sind als Verbindlichkeiten aufzunehmen, auch wenn sie nach der InsO nur als nachrangige Insolvenzforderungen berücksichtigt werden.
- Zur Situationsbeurteilung ist festzustellen, ob mittelfristig die Finanzkraft wieder hergestellt werden kann.
- Für eine positive Fortführungsprognose ist es zwar nicht erforderlich, dass absolute Sicherheit festgestellt wird, jedoch muss die Krisenüberwindung überwiegend wahrscheinlich sein.

Ist bereits die Fortführungsprognose negativ, besteht Insolvenzantragspflicht. Kommt der Sachverständige zu einem positiven Urteil, ist das Gesellschaftsvermögen neu zu bewerten. Statt der zunächst angesetzten Liquidationswerte, kann nun im Überschuldungsstatus mit Fortführungswerten (Going-Concern) gerechnet werden. Ergibt sich danach eine Überschuldung, verbleibt es bei der Insolvenzantragspflicht. Ergibt sich nach dieser Bewertung eine Deckung der Verbindlichkeiten, so liegt keine Überschuldung vor, eine Insolvenzantragspflicht besteht nicht.

Die durch das Gesetz zur Modernisierung des GmbH-Rechts und zur Bekämpfung von Missbräuchen (MoMiG) eingeführte Änderung des § 19 InsO wurde im Zuge der weltweiten Finanzkrise durch das Gesetz zur Umsetzung eines Maßnahmenpakets zur Stabilisierung des Finanzmarktes (Finanzmarktstabilisierungsgesetz) bis zum 31.12.2013 fortgeschrieben. Diese Gesetzesänderung wurde durch die Bundesregierung im Rahmen der Finanzkrise im Wesentlichen mit den erheblichen Wertverlusten bei Aktien und Immobilien begründet. Zahlreiche Unternehmen wären ohne die Gesetzesänderung in die Insolvenzantragspflicht geraten, was zu weiteren erheblichen Schäden für die Volkswirtschaft geführt hätte.

§ 19 Absatz 2 InsO:

Überschuldung liegt vor, wenn das Vermögen des Schuldners die bestehenden Verbindlichkeiten nicht mehr deckt, es sei denn, die Fortführung des Unternehmens ist nach den Umständen überwiegend wahrscheinlich. Forderungen auf Rückgewähr von Gesellschafterdarlehen oder aus Rechtshandlungen, die einem solchen Darlehen wirtschaftlich entsprechen, für die gemäß § 39 Absatz 2 InsO zwischen Gläubiger und Schuldner der Nachrang im Insolvenzverfahren hinter den in § 39 Absatz 1 Nr. 1 bis 5 InsO bezeichneten Forderungen vereinbart worden ist, sind nicht bei den Verbindlichkeiten nach Satz 1 zu berücksichtigen.

Demnach scheidet eine Überschuldung bei positiver Fortführungsprognose aus.

3.3.4 Rangrücktritt bei Gesellschafterdarlehen

In der Krise einer GmbH zeigt sich in der Regel das Problem einer Überschuldung der Gesellschaft. Zur Feststellung einer Überschuldung bedurfte es grundsätzlich einer Überschuldungsbilanz, in der die Vermögenswerte der Gesellschaft mit den aktuellen Verkehrs- oder Liquidationswerten anzusetzen sind. Die Handels- oder Steuerbilanz sind zur Feststellung einer insolvenzrechtlichen Überschuldung nicht geeignet und können nur eine Indizwirkung entfalten. Insbesondere kann aus der EBIL-Bilanzanalyse keine Aussage zur insolvenzrechtlichen Überschuldung getroffen werden.

Vor Inkrafttreten der Insolvenzordnung war es eine verbreitete Auffassung, dass ein einfacher Rangrücktritt ausreiche, um die Passivierungspflicht von Gesellschafterdarlehen im Überschuldungsstatus zu vermeiden.

EXEMPLARISCHER INHALT EINES EINFACHEN RANGRÜCKTRITTS

»Der Gläubiger tritt mit seiner Forderung in Höhe von … € hinter die Forderungen aller anderen Gläubiger in der Weise zurück, dass seine Forderungen nur zulasten von Bilanzgewinnen, aus einem Liquidationsüberschuss oder aus dem die sonstigen Verbindlichkeiten der Schuldnerin übersteigenden Vermögen bedient werden darf.«

Trotz eines solchen Rangrücktritts war das Gesellschafterdarlehen als Verbindlichkeit in der Handels- und Steuerbilanz der GmbH anzusetzen. Die Überschuldungssituation wurde in diesen Bilanzen also weiter dokumentiert.

In seinem Urteil vom 08.01.2001 (Aktenzeichen: II ZR 88/99) hat der Bundesgerichtshof entschieden, dass Gesellschafterdarlehen im Überschuldungsstatus der GmbH dann nicht angesetzt werden müssen, wenn ein qualifizierter Rangrücktritt erklärt worden ist. Das Urteil ist zwar zur Rechtslage vor Inkrafttreten der Insolvenzordnung ergangen, gilt aber auch nach Inkrafttreten der Insolvenzordnung.

EXEMPLARISCHER INHALT EINES QUALIFIZIERTEN RANGRÜCKTRITTS

»Der Gläubiger wird wegen seiner Forderung erst nach Befriedigung sämtlicher Gesellschaftsgläubiger und – bis zur Abwendung der Krise – auch nicht vor, sondern nur zugleich mit den Einlagerückgewähransprüchen seiner Mitgesellschafter berücksichtigt werden, also so behandelt werden, als handele es sich bei seiner Gesellschafterleistung um statuarisches Kapital.«

Das Bundesministerium für Finanzen hat mit seinem BMF-Schreiben vom 18.08.2004 (IV A 6 – S 2133–2/04) zur Anwendung des § 5 Abs. 2a EStG im Zusammenhang mit Rangrücktrittsvereinbarungen Stellung genommen.

Aus § 5 Abs. 2a EStG ergeben sich für Verpflichtungen, die nur zu erfüllen sind, soweit künftig Einnahmen und Gewinne anfallen, Verbindlichkeiten oder Rückstellungen, die erst im Jahresabschluss anzusetzen sind, wenn die Einnahmen oder Gewinne angefallen sind. Voraussetzung für die Anwendung des § 5 Abs. 2a EStG ist, dass zwischen dem Ansatz der Verbindlichkeiten, Gewinnen und Einnahmen eine Abhängigkeit im Zahlungsjahr besteht.

Der Tatbestand des § 5 Abs. 2a EStG ist dagegen nicht erfüllt, wenn eine Vereinbarung getroffen wird, »dass eine Rückzahlung der Verbindlichkeiten nur dann zu erfolgen habe, wenn der Schuldner dazu aus zukünftigen Gewinnen, aus einem Liquiditätsüberschuss oder aus – freiem – Vermögen künftig in der Lage ist und er, der Gläubiger, mit seiner Forderung im Range hinter alle anderen Gläubiger zurücktritt« – die Verbindlichkeit ist zu passivieren. Fehlt dagegen die Bezugnahme auf die Möglichkeit einer Tilgung auch aus sonstigem freien Vermögen, sei der Ansatz von Verbindlichkeiten oder Rückstellungen bei derartigen Vereinbarungen ausgeschlossen.

Aufgrund des oben genannten BMF-Schreibens war aus Sicht der Finanzverwaltung zu beachten, dass eine Tilgung auch aus anderem (freien) Vermögen der Gesellschaft in der Vereinbarung vorgesehen ist. Nach der hier vertretenen Auffassung wäre hinsichtlich der ertragssteuerlichen Behandlung von Sanierungsgewinnen, nach Streichung des § 3 Nr. 66 EStG, ergänzend das BMF-Schreiben vom 27.03.2006 (IV A 6-S 2140–8/03) zu beachten gewesen.

In diesem Schreiben hat das Bundesfinanzministerium zu Steuerstundung und Steuererlass aus sachlichen Billigkeitsgründen Stellung genommen, welche durch einen »Forderungsverzicht« entstehen. Unter der Randnummer fünf dieses

Schreibens führt das Bundesfinanzministerium zu einem »Forderungsverzicht eines Gläubigers gegen Besserungsschein« aus. Unter dieser Bezeichnung werden im Allgemeinen Rangrücktritte verstanden. In konsequenter Weiterführung dieses Schreibens müsste die Finanzverwaltung die Steuerstundung bzw. den Steuererlass, den sie für Forderungsverzichte ermöglicht, also auch auf Rangrücktritte übertragen, unabhängig von der Ergänzung der Erklärungen auf »aus anderem (freien) Vermögen der Gesellschaft«. Es wäre also bei der Passivierung in der Steuerbilanz verblieben.

Inzwischen hat auch der Hauptfachausschuss des Institutes der Wirtschaftsprüfer (IDW) in seiner 198. Sitzung das BGH-Urteil erörtert. Dieser kommt zu dem Ergebnis, dass eine Ergänzung des Rangrücktrittes auf das »statuarische Kapital« nicht erforderlich sei, da für die Beurteilung der Passivierungspflicht im Überschuldungsstatus allein die Perspektive der verbleibenden Gläubiger ausschlaggebend ist. Aus Sicht dieser Gläubiger ist es jedoch unerheblich, ob das Gesellschafterdarlehen vorrangig vor den Ansprüchen aus statuarischem Eigenkapital oder gleichrangig mit diesem befriedigt wird. Der zurücktretende Gläubiger ist nur am Überschuss beteiligt, der nach § 199 InsO (Überschuss nach Schlussverteilung) zur Verteilung an die Gesellschafter zur Verfügung steht, und nimmt nicht als Gläubiger am Insolvenzverfahren teil. Dies unabhängig davon, ob der Kreditgeber Gesellschafter ist oder nicht.

Nunmehr liegt ein BMF-Schreiben vom 08.09.2006 (IV B 2 – S 2133–10/06) vor, in dem auch vom BMF unter Ziffer 2. bestätigt wird, dass »die Vereinbarung eines einfachen oder qualifizierten Rangrücktritts keinen Einfluss auf die Bilanzierung der Verbindlichkeit hat. ... Die Verbindlichkeit ist weiterhin als Fremdkapital in der (Steuer-) Bilanz der Gesellschaft auszuweisen.«

Es wird weiter ausgeführt:
*».... Haben Schuldner und Gläubiger eine Vereinbarung im Sinne der Randnummer 1 (=einfacher Rangrücktritt) geschlossen, bestehen die erforderlichen Abhängigkeiten zwischen Verbindlichkeit und Einnahmen oder Gewinn nicht, **so dass der Tatbestand des § 5 Abs. 2a EstG nicht erfüllt ist**; die Verbindlichkeit ist zu passivieren. Fehlt dagegen die Bezugnahme auf die Möglichkeit einer Tilgung auch aus sonstigem freien Vermögen, ist der Ansatz von Verbindlichkeiten ... ausgeschlossen.*

*Bei einer Vereinbarung im Sinne der Randnummer 2 (=qualifizierter Rangrücktritt) liegen die Voraussetzungen des § 5 Abs. 2a EStG nicht vor, **weil** eine Abhängigkeit zwischen Verbindlichkeiten und Einnahmen oder Gewinnen nicht besteht, sondern die Begleichung der Verbindlichkeit zeitlich aufschiebend bedingt – bis zur Abwendung der Krise – verweigert werden kann. ... **Die Vereinbarung eines Rangrücktritts (ohne Besserungsabrede) erfüllt nicht die Tatbestandsvoraussetzungen des § 5 Abs. 2a EStG**. Daher kann es in einem solchen Fall nicht auf eine ausdrückliche Bezugnahme auf die Möglichkeit der Tilgung auch aus einem Liquidationsüberschuss oder aus sonstigem freien Vermögen ankommen.«*

Mit der Entscheidung des Bundesfinanzhofes (BFH) vom 10.11.2005 (IV R 13/04) hat auch dieser zu der Frage Stellung genommen und sie konkretisiert. Danach kommt es bei einer Erklärung des betroffenen Gläubigers, dass er mit seiner Forderung in der Gestalt hinter andere Gläubiger zurücktritt, dass eine Tilgung nur aus künftigen Gewinnen, aus einem Liquidationsüberschuss oder aus sonstigem freien Vermögen im Range nach den anderen Gläubigern und bis zur Überwindung der Krise erst zugleich mit den Einlagerückgewähransprüchen der Mitgesellschafter getilgt werden darf, nicht automatisch zu einer erfolgswirksamen Auflösung der Verbindlichkeit. Diese Aussage steht dem aktuellen BMF-Schreiben nicht entgegen.

Damit dürfte die Diskussion ein Ende gefunden haben und sich die Einordnung eines Rangrücktritts, hinsichtlich der Passivierungspflicht, entsprechend der nachfolgenden Tabelle 3 darstellen. Zur Beseitigung einer insolvenzrechtlichen Überschuldung ist ein qualifizierter Rangrücktritt zu verwenden und dieser hat keinen Einfluss auf die Passivierungspflicht in der Handels- oder Steuerbilanz.

Tab. 3 Rangrücktritt

Rangrücktritt	Überschuldungstatus	Handelsbilanz	Steuerbilanz
einfacher Tilgung aus Gewinnen und Liquidationsüberschüssen	Ansatz	Ansatz	kein Ansatz
einfacher Tilgung aus Gewinnen und Liquidationsüberschüssen und freiem Vermögen	Ansatz	Ansatz	Ansatz
qualifizierter Tilgung aus Gewinnen und Liquidationsüberschüssen	kein Ansatz	Ansatz	Ansatz
qualifizierter Tilgung aus Gewinnen und Liquidationsüberschüssen und freiem Vermögen	kein Ansatz	Ansatz	Ansatz

Durch das Gesetz zur Modernisierung des GmbH-Rechts und zur Bekämpfung von Missbräuchen (MoMiG) wurden die bestehenden Regelungen zum Eigenkapitalersatz aufgehoben. Gesellschafterdarlehen sind grundsätzlich wie Verbindlichkeiten zu behandeln. Nach § 39 Abs. 1 Nr. 5 InsO sind Gesellschafterdarlehen nunmehr nachrangig. Auch nachrangige Verbindlichleiten sind in der Überschuldungsbilanz auszuweisen. Nach dem eindeutigen Wortlaut wird ausdrücklich ein Rangrücktritt gefordert, damit diese nicht im Überschuldungsstatus ausgewiesen werden müssen. Die Formulierung erleichtert den Gesellschaftern lediglich die Einordnung der Gesellschafterdarlehen.

Auch ein qualifizierter Rangrücktritt ist allein nicht geeignet, eine Zahlungsunfähigkeit oder drohende Zahlungsunfähigkeit zu beseitigen.

Abzugrenzen ist dieser Rangrücktritt eines Gesellschafters von einem möglichen Rangrücktritt oder Forderungsverzicht mit Besserungsschein der finanzierenden Sparkasse/Bank. Der Forderungsverzicht führt dazu, dass die Forderung der Sparkasse/Bank erlischt. Über den damit verbundenen Besserungsschein soll die Forderung jedoch unter den darin formulierten Bedingungen wieder aufleben. Bilanziell ist die Forderung damit nicht mehr existent. Weder im Überschuldungsstatus, noch in der Handels- oder Steuerbilanz ist die Verbindlichkeit auszuweisen. Das kann zu den oben aufgezeigten, nicht angestrebten steuerlichen Auswirkungen führen.

Ein Rangrücktritt sollte daher wie folgt formuliert werden:

BEISPIEL FÜR DEN RANGRÜCKTRITT EINES GESELLSCHAFTERS

Rangrücktrittserklärung

Zwischen
- im folgenden Gesellschafter genannt –

und der
- im folgenden Kreditnehmer genannt –

wird nachfolgende Vereinbarung getroffen:

Gesellschafter und Kreditnehmer sind sich einig, dass der Gesellschafter aus seinen Darlehen an den Kreditnehmer, die sich zur Zeit auf insgesamt ... Euro belaufen, mit einem Betrag in Höhe von ... Euro im Rang zurücktritt.

Rangrücktritt in diesem Sinne bedeutet, dass die Forderung aus künftigem Aktivvermögen, das die sonstigen Schulden des Kreditnehmers übersteigt, aus einem etwaigen Liquidationserlös oder aus Bilanzgewinnen oder aus sonstigem freien Vermögen zu begleichen ist. Im Insolvenzverfahren treten die Forderungen in den Rang des § 199 InsO zurück. Innerhalb dieses Ranges sind sie gleichrangig mit den Kreditforderungen der anderen Gesellschafter, die ebenfalls einen Rangrücktritt erklärt haben. Sie sind vorrangig vor den Einlagenrückgewähransprüchen der übrigen Gesellschafter.

Als bessere Alternative wird der Rangrücktritt erachtet. Die Forderung, für die ein Rangrücktritt der Sparkasse/Bank erklärt worden ist, braucht zwar nicht im Überschuldungsstatus ausgewiesen zu werden, in der Handels- und Steuerbilanz ist sie demgegenüber weiter zu bilanzieren. Über diesen Weg entsteht kein steuerbarer, außerordentlicher Ertrag für den Kreditnehmer, der die Sanierungsbemühungen der Beteiligten sofort wieder im Keim erstickt.

BEISPIEL FÜR DEN RANGRÜCKTRITT EINER SPARKASSE/BANK

Rangrücktrittserklärung

Zwischen
- im folgenden Sparkasse/Bank genannt –

und der
- im folgenden Kreditnehmer genannt –

Zur Vermeidung bzw. zur Beseitigung einer Überschuldung der Gesellschaft wird nachfolgende Vereinbarung geschlossen:

Sparkasse/Bank und Kreditnehmer sind sich einig, dass der Sparkasse/Bank aus ihren Darlehen an den Kreditnehmer, die sich zur Zeit auf insgesamt … Euro belaufen, mit einem Betrag in Höhe von … Euro im Rang zurücktritt.

Rangrücktritt in diesem Sinne bedeutet, dass die Forderung aus künftigem Aktivvermögen, das die sonstigen Schulden des Kreditnehmers übersteigt, aus einem etwaigen Liquidationserlös oder aus Bilanzgewinnen oder aus sonstigem freien Vermögen zu begleichen ist. Im Insolvenzverfahren treten die Forderungen in den Rang des § 39 Abs. 2 InsO zurück. Innerhalb dieses Ranges sind sie vorrangig mit den Kreditforderungen der Gesellschafter. Sie sind vorrangig vor den Einlagenrückgewähransprüchen der Gesellschafter.

3.4 Verfahren

Ist der Antrag auf Eröffnung des Insolvenzverfahrens beim Insolvenzgericht eingegangen, wird geprüft, ob ein Insolvenzgrund besteht. Des Weiteren überprüft das Gericht, ob die Verfahrenskosten aus der Insolvenzmasse bestritten werden können. Genügt die Insolvenzmasse nicht, wird das Verfahren nur eröffnet, wenn ein Kostenvorschuss in der erforderlichen Höhe erbracht wird.

Das Insolvenzgericht kann bis zur Entscheidung über die Eröffnung des Insolvenzverfahrens Sicherungsmaßnahmen über das Schuldnervermögen anordnen:
- Einsetzung eines vorläufigen Insolvenzverwalters
- Anordnung eines allgemeinen Verfügungsverbotes über das Schuldnervermögen
- Untersagung von Zwangsvollstreckungsmaßnahmen in das Schuldnervermögen
- vorläufige Postsperre

Sicherungsmaßnahmen sind öffentlich bekannt zu machen.

3.5 Kosten des Verfahrens

Das Verfahren wird nur eröffnet, wenn die Gerichtskosten, Auslagen und Kosten des Insolvenzverwalters gedeckt sind. Handelt es sich bei dem Schuldner um eine natürliche Person (mittellos und mit dem Ziel der Restschuldbefreiung), können ihm die Kosten gestundet werden.

3.6 Eröffnung des Verfahrens

Sind ein Eröffnungsgrund und die Frage der Verfahrenskosten positiv geklärt, erlässt das Insolvenzgericht den Eröffnungsbeschluss.

Das Insolvenzgericht veröffentlicht den Eröffnungsbeschluss im Internet unter www.insolvenzbekanntmachungen.de und auszugsweise im elektronischen Bundesanzeiger unter www.ebundesanzeiger.de. Außerdem wird er den Gläubigern, Drittschuldnern und dem Schuldner gesondert zugestellt. Eine Veröffentlichung in einem Printmedium (Amtsblatt) gibt es in der Regel nicht mehr.

Inhalt des Eröffnungsbeschlusses ist der genaue Eröffnungstermin mit Uhrzeit, die Bezeichnung des Insolvenzschuldners und die Benennung des Insolvenzverwalters. Es wird eine Frist bestimmt, innerhalb derer die Gläubiger ihre Forderungen beim Insolvenzverwalter anmelden müssen. Die Frist kann zwischen zwei Wochen und drei Monaten liegen. Als weitere Termine werden der Berichts- und Prüfungstermin für die Gläubigerversammlung benannt. Weiter werden die Gläubiger auf die Anmeldung von Sicherungsrechten an beweglichen Sachen oder an Rechten des Schuldners hingewiesen, sowie auf die Bezeichnung von Art und Entstehungsgrund der besicherten Forderung.

3.7 Forderungsanmeldung

Mit dem Eröffnungsbeschluss sind alle Gläubiger berufen, ihre Forderungen beim Insolvenzverwalter zur Insolvenztabelle anzumelden. Die Anmeldung muss schriftlich auf einem vom Insolvenzgericht herausgegebenen Formblatt erfolgen.

Die Forderung ist nach Grund und Höhe anzugeben, Urkunden, aus denen sich die Forderung ergibt, sind beizufügen.

3.8 Arten der Gläubiger

In der Insolvenzordnung wird zwischen verschiedenen Gläubigergruppen differenziert. Unterschiedlichen Gläubigergruppen stehen unterschiedliche Mitwirkungsrechte und Befriedigungsrechte zu. Durch diese Unterscheidung entsteht eine Rangfolge für die Befriedigung der einzelnen Gläubigergruppen. Innerhalb einer Gruppe werden die einzelnen Gläubiger entsprechend der ermittelten Quote bedient.

3.8.1 Aussonderungsberechtigte Gläubiger

Aussonderungsberechtigte Gläubiger können sich auf ein dingliches oder persönliches Recht in Bezug auf einen Gegenstand berufen, aufgrund dessen der Gegenstand nicht zur Insolvenzmasse gehört. Im Wesentlichen handelt es sich um Sachen, die nicht im Eigentum des Schuldners stehen.

Bei beweglichen Sachen kann der berechtigte Gläubiger Herausgabe verlangen, bei Grundstücken gegebenenfalls Grundbuchberichtigung.

3.8.2 Absonderungsberechtigte Gläubiger

Ein Gläubiger ist absonderungsberechtigt, wenn ihm eines in der Insolvenzordnung ausdrücklich benanntes Absonderungsrecht zusteht.
Dies gilt für:
- Grundpfandrechtsgläubiger
- alle Gläubiger, die ein Pfandrecht an einer Sache im Schuldnervermögen haben
- Gläubiger mit Sicherungsübereignung
- Gläubiger mit abgetretenen Forderungen/Rechten

Dem absonderungsberechtigten Gläubiger steht eine vorrangige Befriedigung aus den gesicherten Gegenständen oder Rechten zu. Je nachdem, ob der Gläubiger im Besitz der Sache ist, muss er sich an den Kosten für die Feststellung und Verwertung der Sache mit bis zu 9 Prozent des Bruttoverwertungserlös beteiligen (§ 171 InsO). Verwertungserlöse, die die Höhe des Anspruchs des Gläubigers abzüglich der Kosten übersteigen, gehen an die Insolvenzmasse. Den Teil seiner Forderung, die durch die abgesonderte Befriedigung nicht gedeckt ist, kann der Gläubiger als Insolvenzgläubiger geltend machen.

3.8.3 Massegläubiger

Gläubiger, deren Forderungen erst durch oder nach Eröffnung des Insolvenzverfahrens entstehen, sind Massegläubiger. Das sind insbesondere die Kosten des Verfahrens, der Insolvenzverwalter mit ihren Vergütungsansprüchen und Forderungen, die durch Fortführung der Geschäfte nach Insolvenzeröffnung entstehen. Masseverbindlichkeiten werden, soweit es die Insolvenzmasse zulässt, in voller Höhe befriedigt.

3.8.4 Insolvenzgläubiger

Alle anderen Gläubiger, die zurzeit bis zur Eröffnung des Verfahrens einen Vermögensanspruch gegen den Schuldner haben, werden als Insolvenzgläubiger bezeichnet. Die Forderung muss noch nicht fällig sein. Die Insolvenzgläubiger erhalten auf ihre Forderungen eine Quote. Die Quote ermittelt sich aus dem Verhältnis der vorhandenen Vermögenswerte zur Gesamtsumme aller Verbindlichkeiten.

3.8.5 Nachrangige Insolvenzgläubiger

Nachrangige Insolvenzgläubiger erhalten erst dann Zahlungen auf ihre Forderungen, wenn nach Befriedigung aller anderen Gläubiger noch etwas in der Insolvenzmasse übrig bleibt. Es handelt sich in der Regel um Kosten der Insolvenzgläubiger für die Teilnahme am Verfahren, laufende Forderungszinsen der Insolvenzgläubiger, etc.

3.9 Gläubigerausschuss

Vor der ersten Gläubigerversammlung kann das Gericht einen Gläubigerausschuss einsetzen. Dem Gläubigerausschuss kommt jedoch auch wegen der möglichen Größe einer Gläubigerversammlung Bedeutung zu. Im Gläubigerausschuss sind absonderungsberechtigte Gläubiger, Insolvenzgläubiger mit den höchsten Forderungen und Kleingläubiger vertreten. Weiter sollen Arbeitnehmer vertreten sein, wenn sie als Insolvenzgläubiger mit nicht unerheblichen Forderungen beteiligt sind.

Vornehmlichste Aufgabe ist die Unterstützung und Überwachung des Insolvenzverwalters. Besonders wichtige Maßnahmen des Insolvenzverwalters erfordern die Zustimmung des Gläubigerausschusses. Die Entscheidung wird mit der Mehrheit der abgegebenen Stimmen getroffen.

3.10 Gläubigerversammlung

Bei der Durchführung des Insolvenzverfahrens erhalten die Gläubiger Mitwirkungsrechte. Hier ist vor allem die Gläubigerversammlung zu nennen. Diese wird vom Gericht auf Antrag einberufen.

Teilnahmeberechtigt sind absonderungsberechtigte Gläubiger, die Insolvenzgläubiger, die Mitglieder des Gläubigerausschusses, der Schuldner und der Insolvenzverwalter. Eine Verpflichtung zur Teilnahme besteht nicht, jedoch sind Beschlüsse auch für Abwesende bindend.

Die Gläubigerversammlung beschließt, ob ein Gläubigerausschuss eingesetzt wird. Hat bereits das Insolvenzgericht einen eingesetzt, so ist von der Versammlung zu entscheiden, ob dieser beibehalten wird.

Die Gläubigerversammlung beschließt zum Beispiel über die Annahme eines Insolvenzplans oder die Fortführung oder Liquidation des Unternehmens.

Stimmberechtigt sind nur die angemeldeten und nicht bestrittenen absonderungsberechtigten Gläubiger und die nicht nachrangigen Insolvenzgläubiger. Das Stimmengewicht richtet sich nach dem Anteil der Forderung eines Gläubigers im Verhältnis zur Gesamtforderungshöhe aller anwesenden, stimmberechtigten Gläubiger.

3.11 Schwebende Geschäfte und ihre Abwicklung

Der Insolvenzverwalter hat das Recht, bereits begonnene Geschäfte abzuwickeln und neue Geschäfte anzubahnen bzw. durchzuführen. Mit diesem Recht wird das Ziel verfolgt, eine frühzeitige Zerschlagung des Schuldnerunternehmens zu verhindern und eine Fortführung zu ermöglichen.

Dem Insolvenzverwalter steht ein Wahlrecht zu. Hat der Insolvenzschuldner bei einem Geschäft die ihm obliegende Leistung erbracht, so ist der Vertragspartner verpflichtet, seinerseits die ihm obliegende Gegenleistung nach Eröffnung des Insolvenzverfahrens an den Insolvenzverwalter zu erbringen. Kommt er dieser Verpflichtung nicht nach, kann der Insolvenzverwalter die Leistungspflicht per Klage geltend machen. Hat er seine Leistung erbracht, wird er mit seiner gegebenenfalls noch ausstehenden Gegenforderung nur Insolvenzgläubiger.

Handelt es sich um einen Vertrag, bei dem noch nicht beide Parteien ihre Leistungen vollständig erbracht haben, steht dem Insolvenzverwalter grundsätzlich ein Wahlrecht zu. Er hat die Möglichkeit, von dem Vertragspartner Erfüllung zu verlangen oder aber die Erfüllung abzulehnen. Trifft der Insolvenzverwalter die Entscheidung zur Erfüllung des Vertrages, werden die Gegenleistungsansprüche des Vertragspartners zu Masseverbindlichkeiten. Entscheidet sich der Insolvenzverwalter gegen eine Erfüllung, das wird er bei nachteiligen Geschäften in der Regel tun, erlöschen die Leistungspflichten und der Gläubiger kann wegen Nichterfüllung des Vertrages lediglich als Insolvenzgläubiger Schadensersatz wegen Nichterfüllung beanspruchen.

Wurde durch einen Gläubiger Ware unter einfachem Eigentumsvorbehalt geliefert und hat der Schuldner noch nicht vollständig bezahlt, kann der Insolvenzverwalter weiter auf Erfüllung setzen. Dann muss er jedoch die ausstehenden Zahlungen als Masseschuld bezahlen. Wählt er die Nichterfüllung, hat der Gläubiger ein Aussonderungsrecht und der Insolvenzverwalter muss die Ware herausgeben.

Die Eröffnung des Insolvenzverfahrens hat auf Miet- und Pachtverhältnisse über Immobilien oder unbewegliche Gegenstände keine Auswirkung, sie bestehen fort. Handelt es sich bei dem Vermieter um den Schuldner, muss der Insolvenzverwalter das Mietobjekt dem Mieter weiter überlassen und die Miete zur Masse ziehen. Will sich einer der Vertragspartner vom Mietverhältnis lösen, kann dies nur nach den allgemeinen Regeln erfolgen. Ist der Mieter der Schuldner, kann das Mietobjekt weiter durch den Insolvenzverwalter genutzt werden, im Gegenzug muss er die Miete als Masseschulden begleichen.

Durch die Eröffnung des Insolvenzverfahrens entsteht also grundsätzlich kein »Sonderkündigungsrecht«, durch das eine fristlose Kündigung gerechtfertigt wäre. Eine Erleichterung der Kündigung von Miet- und Pachtverhältnissen ist durch § 109 Abs. 1 Satz 1 InsO erfolgt. Soweit der Schuldner Mieter oder auch Pächter ist, steht dem Insolvenzverwalter ein vereinfachtes Kündigungsrecht zu. Die Kündigungsfrist für Miet- und Pachtverhältnisse über unbewegliche Gegenstände und Räume ist auf die gesetzliche Kündigungsfrist gekürzt.

3.12 Aufrechnung

Auch im Verlauf einer Insolvenz bleibt die Möglichkeit der Aufrechnung erhalten, jedoch ist diese Möglichkeit an bestimmte Bedingungen normiert, da sich für einen Gläubiger eine bevorzugte Stellung ergibt.

Erste Voraussetzung ist, dass eine Aufrechnung auch außerhalb des Insolvenzverfahrens zulässig wäre.
- War die Forderung bereits vor Eröffnung des Insolvenzverfahrens fällig, so kann auch im Insolvenzverfahren aufgerechnet werden.
- Ist die Forderung des Gläubigers erst nach Eröffnung des Insolvenzverfahrens fällig, ist eine Aufrechnung möglich, wenn die Gegenforderung (Forderung des Schuldners) nicht schon vorher fällig war. Die Aufrechnung kann natürlich erst zum Fälligkeitstermin erfolgen.
- Gegenforderungen, die erst nach Eröffnung des Insolvenzverfahrens entstehen, können nicht aufgerechnet werden.
- Hat der Gläubiger seine Forderung erst nach Eröffnung des Insolvenzverfahrens erworben, kann nicht aufgerechnet werden.
- Keine Aufrechnung ist möglich, wenn die Forderung des Gläubigers nicht aus der Masse bedient werden muss, er jedoch aus der Gegenforderung an die Masse leisten muss.

3.13 Insolvenzplanverfahren

Durch das Insolvenzplanverfahren wird es ermöglicht, die Insolvenz flexibel und wirtschaftlich effektiv unter Berücksichtigung der Gläubigerautonomie zu gestalten. Im Insolvenzplanverfahren kann von den Vorschriften der Insolvenzordnung abgewichen werden, wenn es einer besseren Verwirklichung der Verfahrensziele dient. Neben den vor allem angestrebten Zielen der Sanierung bzw. übertragenen Sanierung ist auch die Liquidation möglich. Jedoch soll gerade mit diesem Instrument der »Zerschlagungsautomatik« und dem damit verbundenen Verlust von Arbeitsplätzen entgegen getreten werden.

Berechtigt zur Erstellung und Vorlage eines Insolvenzplans sind der Schuldner und der Insolvenzverwalter. Die Gläubiger, denen kein eigenes Recht zum Insolvenzplan zusteht, können den Insolvenzverwalter beauftragen, einen Plan auszuarbeiten und durch Vorgaben auf diesen Einfluss nehmen.

Ziel des Insolvenzplanverfahrens ist die Zurückerlangung der Ertragskraft des Unternehmens.

Ein Insolvenzplan besteht aus einem darstellenden Teil, der das vergangene Geschehen und die Grundlagen der Planerstellung beinhaltet, und dem gestaltenden Teil, durch den festgelegt wird, wie sich die Rechtsstellung aller Beteiligten durch den Plan ändern soll.

Im darstellenden Teil sind alle Daten zu den Grundlagen und den Auswirkungen des Insolvenzplans darzustellen. Insbesondere ist eine Schwachstellenanalyse des Unternehmens aufzubereiten.

Im gestaltenden Teil werden im Anschluss die sich aus dem Insolvenzplan ergebenden Änderungen der diversen Rechtsstellungen aufgezeigt. Es sind Aussagen zu treffen, welche Forderungen voll erfüllt werden, welche Forderungen gestundet werden und welche Forderungen erlassen werden sollen.

Für einen Insolvenzplan werden Gruppen gebildet, wenn Gläubiger mit unterschiedlichen Rechtsstellungen betroffen sind, zum Beispiel:
- absonderungsberechtigte Gläubiger (zwingend)
- Insolvenzgläubiger (zwingend)
- nachrangige Insolvenzgläubiger (zwingend)
- Arbeitnehmer (wenn ihnen erhebliche Forderungen zustehen)
- Kleingläubiger

Innerhalb der einzelnen Gruppen können weitere Gruppen für Gläubiger mit gleichartigen wirtschaftlichen Interessen gebildet werden. Die Gruppenbildung muss sachgerecht gegeneinander abgegrenzt sein. Eine Ungleichbehandlung der Gläubiger ist unzulässig.

Der Insolvenzplan muss durch einen Beschluss der Gläubiger legitimiert werden. Hierfür ist ein Erörterungs- und Abstimmungstermin vorgesehen. Dieser wird durch das Insolvenzgericht bestimmt. Entsprechend der im gestaltenden Teil festgelegten Gläubigergruppen erfolgt die Abstimmung. Der Plan ist angenommen, wenn in jeder einzelnen Gruppe die Kopf- und Summenmehrheit erreicht wird. Durch das Obstruktionsverbot wird verhindert, dass ein wirtschaftlich sinnvoller Insolvenzplan an dem Widerstand einzelner Gläubiger scheitert. Kommt die erforderliche Mehrheit nicht zustande, so gilt der Insolvenzplan gleichwohl als genehmigt, wenn die Gläubiger durch den Plan nicht schlechter gestellt werden, als sie ohne diesen stünden und wenn sie angemessen an den wirtschaftlichen Werten beteiligt werden.

Grundvoraussetzung ist jedoch, dass die Mehrzahl der Gruppen dem Insolvenzplan zugestimmt hat. Schließlich muss der Plan durch das Insolvenzgericht bestätigt werden. Mit Rechtskraft des Insolvenzplanes wirkt dieser gegenüber allen Beteiligten, auch gegenüber den Insolvenzgläubigern, die ihre Forderung nicht angemeldet haben, und denen, die dem Plan widersprochen haben. Hält der Schuldner die getroffenen Vereinbarungen nicht ein und gerät in Rückstand, entfallen für diese Gläubiger die im Insolvenzplan vorgesehenen Stundungen und Forderungsverzichte. Der Schuldner muss dafür bei einer fälligen Forderung schriftlich mit einer Nachfrist von zwei Wochen gemahnt werden.

Der Insolvenzplan in Verbindung mit der Forderungseintragung in der Tabelle ermöglicht dem Gläubiger, nicht bestrittene und im Prüfungstermin festgestellte Forderungen im Wege der Zwangsvollstreckung beizutreiben.

Das Insolvenzgericht beschließt mit Rechtskraft des Insolvenzplans die Aufhebung des Insolvenzverfahrens. Der Schuldner kann wieder frei über seine Vermögensgegen-stände verfügen. Im Insolvenzplan kann vorgesehen sein, dass die Erfüllung des Insolvenzplans durch den Insolvenzverwalter überwacht wird.

Ein wichtiger Punkt im Rahmen eines Insolvenzplanverfahrens ist immer auch die ertragsteuerliche Behandlung von Sanierungsgewinnen. Hier sind das BMF-Schreiben vom 27.03.2003 (IV A 6 – S 2140–8/03) und vom 22.12.2009 (IV C 6 – S 2140/07/10001–01) zu berücksichtigen. Die Rundschreiben können über das Internet abgerufen werden.

Unter den in diesen Rundschreiben genannten Bedingungen können Sanierungsgewinne ganz oder teilweise erlassen werden. Voraussetzung für die Annahme eines begünstigten Sanierungsgewinns ist unter anderem die Sanierungsbedürftigkeit und Sanierungsfähigkeit des Unternehmens. Bei Vorlage eines Sanierungsplans kann davon ausgegangen werden, dass diese Voraussetzungen vorliegen.

Ebenfalls wird zur ertragssteuerlichen Behandlung von Gewinnen aus einem Planinsolvenzverfahren aus einer erteilten Restschuldbefreiung oder einer Verbraucherinsolvenz Stellung bezogen. Die ertragssteuerliche Behandlung von Sanierungsgewinnen wird mit dem zweiten genannten Schreiben auf Gewinne aus einer Restschuldbefreiung und aus einer Verbraucherinsolvenz, wie im erst genannten Schreiben entsprechend angewendet. Es wird noch mal klar gestellt, dass die Fälle der Insolvenzplanverfahren unmittelbar unter das erst genannte Schreiben vom 27.03.2003 fallen.

3.14 Was ist mit noch offenen Forderungen nach Abschluss des Regelinsolvenzverfahrens?

Mit Abschluss des Insolvenzverfahrens können grundsätzlich noch alle offenen Forderungen gegen den Schuldner geltend gemacht werden. Die Anmeldung der Forderung zur Tabelle ist vergleichbar mit dem gerichtlichen Mahnverfahren. Aus dem Tabellenauszug kann die Zwangsvollstreckung für die noch nicht beglichenen Forderungsteile betrieben werden. Nicht angemeldete Forderungen müssen zunächst über das gerichtliche Mahnverfahren tituliert werden.

Problematisch stellt es sich dar, dass juristische Personen grundsätzlich mit Eröffnung des Insolvenzverfahrens aufgelöst werden. Forderungen gegen einen solchen Schuldner können mangels Existenz des Schuldners nicht mehr durchgesetzt werden. In Ausnahmefällen besteht die Möglichkeit noch Zugriff zu nehmen, wenn die juristische Person doch noch Vermögenswerte hat.

4 Insolvenzrecht

4.1 Insolvenzsituationen – kurze Handlungsempfehlungen

SIE ERFAHREN, DASS IHR KUNDE VOR ODER IM INSOLVENZVERFAHREN STEHT

Was ist zu tun, was ist zu beachten?

- Es ist bisher nur der Antrag auf Eröffnung des Insolvenzverfahrens gestellt, ein Eröffnungsbeschluss bzw. vorläufiger Eröffnungsbeschluss liegt nicht vor.
  a) Nur durch die Antragstellung verliert der Kunde nicht seine Verfügungsbefugnis.
  b) Die Verfügungsbefugnis kann nur durch einen gerichtlichen Beschluss entzogen werden.
  Folge: Der Kunde kann frei über die Vermögenswerte verfügen.
- Konten mit Guthaben
  a) Es ist nur der Antrag auf Eröffnung des Insolvenzverfahrens gestellt. Der Kunde ist noch verfügungsbefugt, er kann über das Guthaben verfügen.
  b) Sie erhalten den Beschluss über die Einsetzung eines vorläufigen Insolvenzverwalters oder die Einsetzung eines Gutachters. Prüfen Sie den Beschluss, ob dem Schuldner die Verfügungsbefugnis entzogen ist. Wenn ja, sperren sie die Konten gegen jede Verfügung. Wenn nein, kann der Schuldner bis zur Eröffnung noch über sein Guthaben verfügen.
  c) Das Insolvenzverfahren ist eröffnet. Die Konten sind sofort gegen jegliche Verfügungen zu sperren. Nur der Insolvenzverwalter ist noch verfügungsbefugt.
- Konten mit Kredit/Überziehungen
  Es hängt von der Sicherstellung ab, in der Regel dürfte das Engagement aber nicht ausreichend gesichert sein. Zumindest offene Kreditlinien sind sofort zu kündigen und Überziehungen nicht mehr zuzulassen. In der Regel dürfte die Kündigung des gesamten Engagements die sinnvollste Entscheidung sein.
  Liegen ausreichend Sicherheiten vor, können Sie den Kunden grundsätzlich bis zur Vorlage des Gerichtsbeschlusses verfügen lassen. Problematisch wird es, wenn Sie bemerken, dass der Kunde Geld vor der Insolvenz beiseite schafft oder bestimmte andere Gläubiger bevorzugt. Ihre Handlungen in diesem Zusammenhang könnten bereits Beihilfe zur Gläubigerbenachteiligung sein.
  a) Eingänge auf debitorischen Konten ohne eingeräumte Kreditlinie (geduldete Überziehung)
  > Eingänge, die lediglich eine geduldete Überziehung minimieren, gelten als kongruente (zu beanspruchende) Deckung. Diese **können** durch den Insolvenzverwalter angefochten werden. Das gilt ab Kenntnis der Sparkasse/Bank von der Zahlungsunfähigkeit, drei Monate rückwirkend auf den Tag

des Antrags auf Insolvenzeröffnung. Ein Indiz für die Kenntnis der Zahlungsunfähigkeit können Sie bereits durch Scheck- und Lastschriftrückgaben erkennen.

Das gilt für Eingänge in einem Zeitraum von drei Monaten vor Antragstellung.

b) Eingänge auf Konto mit Kreditlinie

Es handelt sich um so genannte »inkongruente (nicht zu beanspruchende) Deckungen«. Diese sind grundsätzlich anfechtbar. Das gilt für Eingänge in einem Zeitraum von mindestens einem Monat vor Antragstellung.

Ist der Kunde objektiv zahlungsunfähig, kommt es auf ein Wissen der Sparkasse/Bank nicht mehr an. Liegt bei dem Kunden noch keine Zahlungsunfähigkeit vor, sollen durch die Eingänge auf dem Konto aber andere Gläubiger benachteiligt werden, sind die Eingänge anfechtbar, wenn die Sparkasse/Bank wusste oder hätte zwingend wissen müssen, dass andere Gläubiger benachteiligt werden.

Dann verlängert sich der Zeitraum auf drei Monate vor Antragstellung.

Die Anfechtung durch den Insolvenzverwalter ist ausgeschlossen – wenn ein so genanntes »Bargeschäft« stattgefunden hat – wenn in einem nahen zeitlichen Zusammenhang über den eigentlich anfechtbaren Zahlungseingang vom Kontoinhaber wieder verfügt wurde. Bei einem Bargeschäft kommt es nicht auf die Reihenfolge von Zahlungseingang und Verfügung an, allerdings sollte beides nicht länger als eine Woche auseinander liegen.

4.2 Krisenverlauf/Krisendefinitionen

4.2.1 Krisenverlauf

Die Krise eines Unternehmens verläuft in aller Regel in drei Schritten.

4.2.1.1 *Strategiekrise*

Zunächst entsteht im Unternehmen eine gewisse Stagnation, ehemalige Erfolgsprodukte sind aufgezehrt, überaltet und neuere Produktentwicklungen/Innovationen werden/wurden vernachlässigt oder gar nicht verfolgt. Eine stetig am Marktgeschehen orientierte strategische Ausrichtung wird vernachlässigt. Eine solche Entwicklung kann und muss bereits sehr früh erkannt werden. Indikatoren sind der Aufwand für Forschung und Entwicklung der Gesellschaft, die aus Bilanzen abzulesen sind oder die es gilt, im Kreditgespräch mit dem Kunden anzusprechen.

4.2.1.2   Erfolgs -/Ertragskrise

Die zweite Stufe ist die Erfolgs- und Ertragskrise. Diese zeichnet sich durch Umsatzrückgang, aber vor allem durch Verluste aus. Durch die Verluste wird das Eigenkapital aufgezehrt und es droht eine Überschuldung, wenn nicht gegengesteuert wird.

4.2.1.3   Liquiditätskrise

Die letzte Stufe ist die Liquiditätskrise. Die Ertragslage ist am Boden, die Kreditlinien in der Regel nicht nur voll ausgeschöpft, sondern überzogen, es droht die Zahlungsunfähigkeit.

4.2.2   Definition des Krisenbegriffs

Eine Unterbilanz allein genügt zur Annahme einer Krise nicht, wenn Anhaltspunkte für das Vorhandensein stiller Reserven vorliegen. Die Vorlage einer Handelsbilanz, die ein negatives Ergebnis ausweist, genügt allein auch nicht. Sie kann lediglich eine Indizwirkung entfalten, der im Rahmen der Gespräche mit dem Kunden und seinem Steuerberater nachgegangen werden muss.
Vielmehr bedarf es einer Überschuldungsbilanz, die die aktuellen Verkehrs- oder Liquidationswerte ausweist.
Vorsicht ist angezeigt, wenn der Kunde von seiner Krise Mitteilung (schriftlich oder mündlich) macht. Ab diesem Zeitpunkt ist die Sparkasse/Bank bösgläubig, womit unter Umständen Haftungsrisiken oder Anfechtungserleichterungen für den späteren Insolvenzverwalter entstehen können.

4.2.2.1   Betriebswirtschaftliche Definitionen

Es gibt eine Vielzahl von Definitionen, die jede für sich ihren Reiz und Qualität hat. (Ähnlich wie bei Juristen, kann jeder Betriebswirt seine eigenen Definition entwickeln. Wenn er eine weitere Person findet, die seine Meinung teilt, ist seine Definition zumindest nicht falsch, sondern vertretbar). Überwiegend wird von der Lehre die Krise als Existenzgefährdung des Unternehmens, also als eine Entwicklung verstanden, die, wenn sie nicht unterbrochen wird, in die materielle Insolvenz des Unternehmens führt.

4.2.2.2   Insolvenzrechtliche Definition

Zahlungsunfähigkeit (§ 17 InsO)

Zahlungsunfähigkeit liegt vor, wenn der Schuldner nicht in der Lage ist, seinen fälligen Zahlungsverpflichtungen nachzukommen. In der Regel ist dies anzunehmen, wenn der Schuldner seine Zahlungen eingestellt hat. Eine nur vorübergehende Zahlungsunfähigkeit ist dagegen kein Insolvenzgrund. In einer solchen Situation wird auch von Zahlungsstockung gesprochen.

Den genauen Zeitpunkt festzustellen, wann Zahlungsunfähigkeit vorliegt, ist in der Regel nur schwer zu ermitteln. Bei Zahlungseinstellung liegt der Zeitpunkt noch klar auf der Hand. Die neuere Rechtsprechung des Bundesgerichtshofes nimmt an, dass regelmäßig Zahlungsunfähigkeit vorliegt, wenn die Liquiditätslücke des Schuldners 10 Prozent oder mehr beträgt, soweit nicht ausnahmsweise mit an Sicherheit grenzender Wahrscheinlichkeit zu erwarten ist, dass die Lücke innerhalb von drei Wochen (fast) vollständig beseitigt wird und den Gläubigern ein solches Zuwarten zuzumuten ist.

Die Prüfung, ob Zahlungsunfähigkeit vorliegt, erfolgt also in zwei Schritten:
- Ist die Liquiditätslücke ≥ 10 Prozent?
- Kann die Zahlungsfähigkeit innerhalb von drei Wochen wieder hergestellt werden?

Kommt es wiederholt zu Zahlungsstockungen und sind vor allem Lohn- und Gehaltszahlungen, Steuern oder Sozialabgaben rückständig, kann auch dann von Zahlungsunfähigkeit ausgegangen werden.

Letztlich lässt sich der Eintritt der Zahlungsunfähigkeit nur im Nachgang durch ein Gutachten ermitteln.

Kommt es wiederholt zu Zahlungsstockungen und sind vor allem Lohn- und Gehaltszahlungen, Steuern oder Sozialabgaben rückständig, kann auch dann von Zahlungsunfähigkeit ausgegangen werden.

Bewertung und Berechnung

Das Umlaufvermögen ist nach dem Niederstwertprinzip, die liquiden Mittel und offenen Kreditlinien mit dem konkreten Wert anzusetzen.

Die Feststellung der Zahlungseinstellung wird durch Bezahlen einzelner Forderungen nicht ausgeschlossen/widerlegt.

Drohende Zahlungsunfähigkeit (§ 18 InsO)

Um einem Schuldner zu einem möglichst frühen Zeitpunkt die Möglichkeit zu geben, ein Insolvenzverfahren zu beantragen, wurde der Tatbestand der **drohenden Zahlungsunfähigkeit** geschaffen. Unter **drohender Zahlungsunfähigkeit** versteht man die Situation, dass der Schuldner voraussichtlich nicht in der Lage sein wird, seine bestehenden Zahlungsverpflichtungen zu dem späteren Fälligkeitszeitpunkt zu erfüllen. Bei der drohenden Zahlungsunfähigkeit ist der Schuldner berechtigt, auch die Verbindlichkeiten zu berücksichtigen, die zwar bestehen, aber noch nicht fällig sind. Somit wird bei dieser Betrachtung also nicht auf einen bestimmten Zeitpunkt abgestellt, sondern die voraussichtliche Entwicklung auf einen künftigen Zeitraum, in der Regel ein Jahr, projiziert.

Dieser Insolvenzgrund steht nur dem Schuldner zu, Dritte dürfen einen Insolvenzantrag nicht auf diesen Grund stützen. Dies insbesondere vor dem Hintergrund, dass ein Dritter nicht durch einen solchen Insolvenzantrag Druck auf den Schuldner ausübt.

Überschuldung (§ 19 InsO)

Der Insolvenzgrund der **Überschuldung** ist auf juristische Personen und Gesellschaften ohne Rechtspersönlichkeit, bei denen kein persönlich haftender Gesellschafter eine natürliche Person ist (GmbH & Co. KG), gemünzt. Eine Überschuldung ist gegeben, wenn sich aus der Bilanz ergibt, dass die Passiva die Aktiva übersteigen, das Eigenkapital also aufgezehrt oder sogar negativ ist. Die Feststellung der Überschuldung ist im Einzelfall schwierig. Für die Bewertung sind nachfolgende Kriterien zu beachten:

- Eine Überschuldungsbilanz ist nicht mit der Handelsbilanz identisch Es handelt sich um eine »Sonderbilanz«.
- Es sind die tatsächlichen Zeitwerte zu ermitteln, handelsrechtliche Bewertungsvorschriften bleiben außer acht.
- Die Aktiva werden mit ihrem wahren Wert, d. h. Verkehrswerten unter Auflösung stiller Reserven angesetzt.
- Für Finanzanlagen ist der Ertragswert entscheidend.
- Vorräte (RHB und Halb- und Fertigprodukte) werden unter Liquiditätsgesichtspunkten zu ihrem Marktwert angesetzt.
- Forderungen aus Lieferungen und Leistungen sind nach dem Vorsichtsprinzip zu bewerten.
- Die Passiva sind als echt bestehende Verbindlichkeiten anzusetzen, es sind auch Verbindlichkeiten die noch nicht fällig sind zu berücksichtigen.
- Rückstellungen sind anzusetzen, wenn die Inanspruchnahme wahrscheinlich ist.
- Eigenkapitalersetzende Gesellschafterdarlehen sind als Verbindlichkeiten aufzunehmen, auch wenn sie nach der InsO nur als nachrangige Insolvenzforderungen berücksichtigt werden.
- Zur Situationsbeurteilung ist festzustellen, ob mittelfristig die Finanzkraft wieder hergestellt werden kann.
- Für eine positive Fortführungsprognose ist es zwar nicht erforderlich, dass absolute Sicherheit festgestellt wird, jedoch muss die Krisenüberwindung überwiegend wahrscheinlich sein.

Ist bereits die Fortführungsprognose negativ, besteht Insolvenzantragspflicht. Kommt der Sachverständige zu einem positiven Urteil, ist das Gesellschaftsvermögen neu zu bewerten. Statt der zunächst angesetzten Liquidationswerte, kann nun im Überschuldungsstatus mit Fortführungswerten (Going-Concern) gerechnet werden. Ergibt sich danach eine Überschuldung, verbleibt es bei der Insolvenzantragspflicht. Ergibt sich nach dieser Bewertung eine Deckung der Verbindlichkeiten, so liegt keine Überschuldung vor; eine Insolvenzantragspflicht besteht nicht.

Die durch das Gesetz zur Modernisierung des GmbH-Rechts und zur Bekämpfung von Missbräuchen (MoMiG) eingeführte Änderung des § 19 InsO wurde im Zuge der weltweiten Finanzkrise durch das Gesetz zur Umsetzung eines Maßnahmenpakets zur Stabilisierung des Finanzmarktes (Finanzmarktstabilisierungsgesetz) bis zum 31.12.2013 fortgeschrieben.

§ 19 Absatz 2 InsO

Überschuldung liegt vor, wenn das Vermögen des Schuldners die bestehenden Verbindlichkeiten nicht mehr deckt, es sei denn, die Fortführung des Unternehmens ist nach den Umständen überwiegend wahrscheinlich. Forderungen auf Rückgewähr von Gesellschafterdarlehen oder aus Rechtshandlungen, die einem solchen Darlehen wirtschaftlich entsprechen, für die gemäß § 39 Absatz 2 InsO zwischen Gläubiger und Schuldner der Nachrang im Insolvenzverfahren hinter den in § 39 Absatz 1 Nr. 1 bis 5 InsO bezeichneten Forderungen vereinbart worden ist, sind nicht bei den Verbindlichkeiten nach Satz 1 zu berücksichtigen.

Wie aufgezeigt sind eine Überschuldungsbilanz und eine Fortführungsprognose die zentralen Voraussetzungen für eine Prüfung. Auf Grundlage einer Finanz- und Ertragsplanung muss dargestellt werden, dass das Unternehmen mittelfristig zahlungsfähig ist und positive Betriebsergebnisse erzielen kann.

Nach altem Recht – und voraussichtlich ab 01.01.2014 geltendem Recht – hängt das Ansatz- und Bewertungskonzept vom Ausgang der Fortführungsprognose ab. Zum gegenwärtigen Zeitpunkt erhält die positive Fortführungsprognose ein besonderes Gewicht, da sie die Insolvenzantragspflicht verhindern kann, so dass eine rechnerische Überschuldung nicht geprüft werden muss. Es bleibt abzuwarten, ob der Gesetzgeber eine weitere Fortschreibung des derzeitigen Gesetzeswortlauts vornehmen wird, sonst ist zum 01.01.2014 neu zu prüfen.

Prüfungsablauf

- Überschuldungsbilanz nach Liquidationswerten
- Prognoseentscheidung, ob die Fortführung des Unternehmens wahrscheinlicher ist als seine Stilllegung (Problem: sehr subjektive Wertung)
- Überschuldungsbilanz mit Going-Concern-Werten

Wenn nach der dritten Prüfung keine Überschuldung mehr vorliegt, entfällt die gesetzliche Insolvenzantragspflicht.

Problem

Bei der Bewertung nach Liquidationswerten steht nicht fest, ob das Unternehmen als Ganzes oder in Einzelposten veräußert wird. Bei der Bewertung nach Fortführungswerten stellt sich die Frage, auf welcher Grundlage und mit welcher Sicherheit diese Werte ermittelt oder festgestellt werden können.

4.2.2.3 Strafrechtliche Definition

Hierzu ist die insolvenzrechtliche Definition heranzuziehen.

4.3 Krisenerkennung

Materialien und Indizien für die Früherkennung von Krisen

Zunächst stehen den Sparkassen/Banken die üblichen Kontoinformationen zur Verfügung. Darüber hinaus besteht für die Sparkassen/Banken die Pflicht nach § 18 KWG, sich über die wirtschaftlichen Verhältnisse ihres Kunden ab einem Engagement von 750 000 EURO zu informieren, diese Informationen auszuwerten und dieses zu dokumentieren.

Die Sparkassen und Banken sind jedoch in der Regel durch ihre Wirtschaftsprüfer gehalten, sich auch schon unter diesem gesetzlichen Schwellenwert ausreichend über die wirtschaftlichen Verhältnisse ihrer Kreditnehmer zu informieren. Entsprechend dem individuellen Risiko der einzelnen Sparkasse/Bank, werden die einzelnen Häuser Erleichterungen definieren, die bei geringerem Risiko auch weniger Unterlagen zur Erfüllung von § 18 KWG genügen lassen. Jedoch wird es in der Regel schon aus dem Erfordernis der Erstellung eines Ratings notwendig sein, sich von den gewerblichen Kreditnehmern mindestens die Jahresabschlussunterlagen jährlich einreichen zu lassen.

§ 18 KWG stellt eine Pflicht der Sparkassen/Banken dar, er enthält aber keinen Anspruch auf Vorlage dieser Unterlagen gegenüber dem jeweiligen Kunden. In der Regel wird die Verpflichtung zur Vorlage solcher Unterlagen jedoch zum Gegenstand von Kreditverträgen gemacht. Werden dann solche Unterlagen vom Kunden nicht eingereicht, so besteht nach Nr. 26 AGB-Sparkassen bzw. Nr. 19 AGB-Banken das Recht zur außerordentlichen Kündigung.

4.3.1 Krisenanzeichen aus § 18 KWG-Unterlagen

- Verzögerung bei der Einreichung von § 18 KWG-Unterlagen
- fehlendes oder eingeschränktes Testat des Wirtschaftsprüfers oder Steuerberaters
- fehlende Unterschrift auf der Bilanz
- negative Abweichung zwischen Planzahlen und endgültigen Ergebnissen
- Veränderung der Abschreibungsmethode
- Verringerung von Investitionen
- steigende Vorräte ohne Erhöhung der Außenstände
- hohe Forderungen gegen verbundene Unternehmen
- Eigenkapitalmangel
- Rückzahlung von Gesellschafterdarlehen, hohe Privatentnahmen
- Mangel in der Finanzierungsform (Goldene Finanzierungsregel)
- Auflösung von Reserven
- Auflösung stiller Reserven (sale-and-lease-back, Betriebsaufspaltung, Factoring)

- Umbuchungen vom Umlaufvermögen in das Anlagevermögen (Bilanzierung nach Anschaffungs-/Herstellungskosten statt zum Niederstwertprinzip etc.)

4.3.2 Krisenanzeichen aus der Kontoführung

- verspätete Zins- und Tilgungsleistungen
- Zins- und Tilgungsleistungen zulasten von Kontokorrentkreditlinien
- Nachfrage, ob Gesellschafter- oder Geschäftsführersicherheiten freigegeben werden können, zum Teil auch im Austausch gegen Sicherheiten aus dem Gesellschaftsvermögen
- überraschender Kreditbedarf ohne stichhaltige Begründung
- Prolongationsbegehren bzgl. Saisonkrediten
- angespannte Kontoführung, Überziehungen
- Kontoumsätze gehen zurück
- angekündigte Zahlungseingänge treffen nicht ein
- Umstellung auf Scheck-/Wechselzahlung statt Überweisungen
- Scheckrückgaben
- Rückgabe von zur Einziehung eingereichten Lastschriften durch die Bezogenen
- Lastschriftrückgaben
- Zahlungen an Rechtsanwälte und Gerichtsvollzieher
- Kontopfändungen (Steuern und Sozialabgaben)
- steigende Auskunftsanfragen etc.

4.3.3 Rating/Basel II

- Brancheneinschätzung
- Wettbewerbsposition des Unternehmens
- Einschätzung des Managements
- aktuelle Ertragslage
- finanzielle Situation des Unternehmens
- Entwicklungsaussichten
- Kontoführungsverhalten
- Beurteilung der Kundenbeziehung
- Rechtsform etc.

4.3.4 Sonstige Erkenntnisse

- Sicherheitenprüfungen
- Kundenbesuche
- Geschäftsbeziehungen des Kreditnehmers zu Dritten
- Informationen durch Dritte etc.

Die jeweiligen Aufzählungen sind selbstverständlich nicht abschließend.

4.4 Zahlungsverkehr in der Insolvenz

Streitpunkt zwischen Sparkasse/Bank und dem Insolvenzverwalter ist häufig, bis zu welchem Zeitpunkt diese Zahlungseingänge für den Schuldner behalten und mit ihrem Kreditsaldo verrechnen dürfen; aber auch, welche Zahlungsausgänge der Insolvenzverwalter zulasten eines Guthabens oder einer offenen Kreditlinie gegen sich gelten lassen muss. Bestimmende Faktoren sind in diesem Zusammenhang der Girovertrag, die Kontokorrentabrede, das Aufrechnungsrecht und das AGB-Pfandrecht.

4.4.1 Girovertrag

Die Grundlage der Geschäftsbeziehung zwischen der Sparkasse/Bank und dem Kunden bildet in der Regel als kleinste Einheit der Girovertrag. Der Girovertrag ist ein Geschäftsbesorgungsvertrag mit Dienstcharakter und inzwischen als besonderer Vertragstypus in das BGB unter der Bezeichnung Zahlungsdienste/Zahlungsdienstevertrag (siehe §§ 675c ff. BGB) integriert worden.

Durch den Abschluss des Vertrages entsteht die Verpflichtung, für den Kunden ein Konto einzurichten, eingehende Zahlungen auf dem Konto gutzuschreiben und abgeschlossene Überweisungsverträge zulasten dieses Kontos abzuwickeln.

Zahlungsausgänge, die von der Sparkasse/Bank weisungsgemäß ausgeführt worden sind, gewähren dem Kreditinstitut einen Aufwendungsersatzanspruch. Zahlungseingänge gewähren dem Kunden einen Anspruch auf Gutschrift, wenn das Kreditinstitut eine buchmäßige Deckung erhalten hat. Die Gutschrift selbst stellt ein abstraktes Schuldanerkenntnis/Schuldversprechen dar. Der Auszahlungsanspruch des Kunden ergibt sich dann erst aus der Gutschrift des Betrages auf seinem Konto.

4.4.2 Kontokorrentabrede

In § 355 HGB ist die Kontokorrentabrede formuliert. Auf den Punkt gebracht bedeutet sie lediglich, dass im Rahmen des Zahlungsverkehrs die vielen Einzelansprüche (Buchungsposten) keinen einzelnen Anspruch auslösen. Die einzelnen Buchungsposten werden in ein Konto (Soll/Haben) eingestellt und in regelmäßigen Abständen verrechnet. Erst der sich im Rechnungsabschluss ergebende Saldo gewährt einem der beiden Vertragspartner einen Anspruch.

4.4.3 Wirkung des Insolvenzantrages auf die Kontokorrentabrede

Der Insolvenzantrag allein wirkt sich nicht auf die Verpflichtungs- und Verfügungsbefugnis des Kunden aus. Bestehende Bankverträge bleiben wirksam. Im Übrigen kann der Schuldner noch frei und unbeschränkt am Geschäftsleben teilnehmen.

Verfügungen über Vermögenswerte bei der Sparkasse/Bank müssen zugelassen werden; Zahlungseingänge zugunsten des Kunden können durch die Verrechnungsabrede im Kontokorrent untergehen.

Ob solche Verrechnungen einer möglichen Anfechtung durch den Insolvenzverwalter unterliegen oder dieser standhalten, beurteilt sich ausschließlich nach den insolvenzrechtlichen Anfechtungsvorschriften (vgl. »Kreditsicherheiten in der Insolvenz«).

4.4.4 Gericht ordnet ein allgemeines Verfügungsverbot oder andere Sicherungsmaßnahmen an

Das Gericht kann, wenn ein Antrag auf Eröffnung des Insolvenzverfahrens gestellt ist, auch für den Zeitraum vor der Eröffnung des Insolvenzverfahrens Sicherungsmaßnahmen anordnen, damit nachteilige Veränderungen in der Vermögenssituation des Gemeinschuldners verhindert oder zumindest erschwert werden können.

4.4.4.1 *Allgemeines Verfügungsverbot*

Das allgemeine Verfügungsverbot führt dazu, dass *alle* nach dem Erlass vorgenommenen rechtsgeschäftlichen Verfügungen des Schuldners über Vermögenswerte, die zur Insolvenzmasse gehören würden, unwirksam sind, §§ 24 Abs. 1, 81, 82 InsO.

Mit Anordnung des allgemeinen Verfügungsverbotes wird in die Kontokorrentabrede dergestalt eingegriffen, dass die darin enthaltene Verfügungs- und Verrechnungsabrede beendet ist. Folglich muss/sollte auf den Tag nach der Anordnung des allgemeinen Verfügungsverbotes ein Rechnungsabschluss erstellt werden. Neue Aufrechnungs- und Verrechnungsabreden kann der Schuldner nicht treffen. Zahlungseingänge muss die Sparkasse/Bank weiter entgegennehmen, Zahlungsausgänge dürfen nicht mehr zugelassen werden. Eine Verrechnung der eingehenden Zahlungen mit dem Sollsaldo darf nicht erfolgen.

Der vorläufige »starke« Insolvenzverwalter kann auf die Kontoverbindung angewiesen sein, er kann die Verfügungen selbst treffen und ist auf die Mitwirkung des Schuldners nicht beschränkt.

4.4.4.2 Vorläufiger Insolvenzverwalter und Anordnung eines Zustimmungsvorbehaltes

Eine vergleichbare Situation ergibt sich, wenn ein »schwacher« Insolvenzverwalter mit allgemeinem oder auf die Kontoführung bezogenem Zustimmungsvorbehalt eingesetzt wird. Auch dann darf der Schuldner nur noch mit Zustimmung des Verwalters verfügen.

Der Girovertrag bleibt zwar weiter bestehen, doch die Kontokorrentabrede ist bei Anordnung dieser einschneidenden Sicherungsmaßnahmen beendet. Statt der Verrechnung im Kontokorrent ist die Sparkasse/Bank ab diesem Zeitpunkt auf die Aufrechnungsmöglichkeiten gemäß §§ 387 ff. BGB angewiesen. Die Sparkasse/Bank muss in Bezug auf jede einzelne Buchungsposition die Aufrechnung erklären.

4.4.5 Eröffnung des Insolvenzverfahrens

Mit Eröffnung des Insolvenzverfahrens über das Vermögen des Schuldners endet zwischen der Sparkasse/Bank und dem Schuldner der bestehende Girovertrag. Wie oben angesprochen handelt es sich bei dem Girovertrag um einen besonderen Typ des Geschäftsbesorgungsvertrages mit Dienstcharakter. Diese Verträge werden durch die Insolvenzordnung mit der Eröffnung des Verfahrens beendet (§§ 115, 116 InsO).

Sollten im Insolvenzeröffnungsverfahren noch nicht die zuvor aufgezeigten einschneidenden Anordnungen durch das Gericht getroffen worden sein, so erlischt spätestens jetzt mit Eröffnung des Verfahrens die Kontokorrentabrede. Zu diesem Zeitpunkt ist ein Rechnungsabschluss zu erstellen.

Entsteht ein Soll-Saldo, ist dieser sofort fällig (§ 41 InsO) und kann als Insolvenzforderung angemeldet werden. Der Insolvenzverwalter ist ab Eröffnung zur Anerkennung des Rechnungsabschlusses zuständig. Lehnt er die Anerkennung des Rechnungsabschlusses ab, so bestehen die einzelnen Positionen weiter fort. Die Sparkasse/Bank muss dann die Aufrechnung gegenüber dem Insolvenzverwalter im Hinblick auf jeden Buchungsposten erklären.

Ermittelt sich ein Guthabensaldo, so kann der Insolvenzverwalter die sofortige Auszahlung an sich verlangen, wenn der Sparkasse/Bank das Guthaben nicht als Sicherheit für Forderungen aus anderen Geschäften aufgrund des AGB-Pfandrechts haftet.

4.4.6 AGB-Pfandrecht

Das AGB-Pfandrecht, das sich die Banken gemäß Nr. 14 AGB-Banken und die Sparkassen gemäß Nr. 21 AGB-Sparkassen bestellen lassen, ist für eine unter Berücksichtigung des § 95 InsO beschränkte Möglichkeit der Aufrechnung mit einer nicht fälligen Kreditforderung von Bedeutung. Steht dem Kredit ein Guthaben des

Kreditnehmers gegenüber, ist die Sparkasse/Bank grundsätzlich nicht auf die Aufrechnung angewiesen, die nach § 95 Abs. 1 Satz 3 InsO voraussetzt, dass die Kreditforderung, gegen die mit dem Guthaben aufgerechnet werden soll, fällig ist. Die Sparkasse/Bank kann mit dem Guthaben den gewährten Kredit auch aufgrund des AGB-Pfandrechts zurückführen.

Das AGB-Pfandrecht begründet ein Absonderungsrecht, das der Insolvenzverwalter auch im eröffneten Insolvenzverfahren beachten muss. Es handelt sich nicht um eine Aufrechnung, auf die gegebenenfalls die Aufrechnungsverbote anzuwenden sind, sondern um eine Verwertung einer bereits vor der Eröffnung des Insolvenzverfahrens erlangten Vermögensposition, die jetzt im Wege der Verwertung ausgenutzt wird.

Einen Kostenbeitrag zur Masse, §§ 170 ff. InsO, muss der Pfandgläubiger nicht erbringen, da es sich eben nicht um eine Zession handelt.

Das AGB-Pfandrecht kann der Anfechtung des Insolvenzverwalters unterliegen. Auch wenn die Einigung über die Bestellung des AGB-Pfandrechts schon ab Aufnahme der Geschäftsverbindung getroffen wurde, ist gemäß § 140 Abs. 1 InsO die tatsächliche Entstehung des AGB-Pfandrechts, d. h. mit Eingang der Zahlung bei der Sparkasse/Bank, der entscheidende Zeitpunkt.

4.4.7 Aufrechnung, §§ 387 bis 396 BGB

Grundsätzlich bleibt eine einmal erlangte Aufrechnungsberechtigung gemäß § 94 InsO auch während des Insolvenzeröffnungsverfahrens und nach Eröffnung des Insolvenzverfahrens bestehen.

Es ist zu unterscheiden, zu welchem Zeitpunkt die Aufrechnungslage entsteht. § 94 InsO gilt für vor Eröffnung des Insolvenzverfahrens entstandene Aufrechnungslagen, § 95 InsO gilt für danach entstandene Aufrechnungslagen und § 96 InsO behandelt Aufrechnungsverbote.

Auch bei der Aufrechnung wird der Gläubiger nicht zu einem Kostenbeitrag (Feststellungs- und Verwertungskosten gemäß §§ 170, 171 InsO) zur Masse herangezogen.

4.4.8 Zahlungseingänge bei bestehender Globalzession

Überweisungseingänge, die auf dem Konto des Schuldners eingehen, mit denen der Überweisende Forderungen begleichen will, die vom Schuldner an die Sparkasse/Bank abgetreten worden sind (Zessionsverträge), unterliegen nicht der Anfechtung.

Diese Forderungen stehen ab dem Zessionsvertrag nicht mehr im Vermögen des Schuldners und können damit nicht mehr zum Nachteil der übrigen Gläubiger verwertet werden, denn die Sparkasse/Bank erhält durch den Zahlungseingang nur das, was ihr aufgrund des Zessionsvertrages zusteht. Anders ist die Lage selbstverständlich dann, wenn die Sparkasse/Bank bereits ihr Sicherungsrecht in anfechtbarer Weise erlangt hat.

Bei einer Globalzession ist nicht nur der Zeitpunkt des Vertragsabschlusses zu beachten, sondern gemäß § 140 Abs. 1 InsO auch die später entstehenden einzelnen Forderungen, ob die zu diesem Zeitpunkt aufgrund der antizipierten Abrede erfolgende Abtretung anfechtbar ist.

Nach einem Urteil des OLG Karlsruhe vom 08.04.2005 (Aktenzeichen: 14 U 200/03) war zu beachten, dass eine Anfechtungsmöglichkeit gemäß § 131 InsO (inkongruente Deckung) bestand, wenn die sicherungshalber abgetretene Forderung in den letzten drei Monaten vor Antrag auf Eröffnung des Insolvenzverfahrens entstand. Das OLG Karlsruhe hat die Entscheidung insbesondere damit begründet, dass die Sparkasse/Bank vor Entstehung der Forderung noch keinen hinreichend bestimmten, zur Kongruenz führenden Anspruch auf Abtretung der Forderung hatte. Ist die Forderung entstanden, nachdem die Sparkasse Kenntnis von der Zahlungsunfähigkeit oder der Insolvenzantragstellung erhalten hat, besteht eine Anfechtungsmöglichkeit gemäß § 130 InsO.

Vor diesem Hintergrund muss man sich verdeutlichen, dass über die Globalzession in der Regel die Forderungen des Schuldners aus Lieferung und Leistung als Kreditsicherheiten dienen. Unterstellt man ein Zahlungsziel von 30–45 Tagen, wird deutlich, dass die Werthaltigkeit einer Globalzession als Kreditsicherheit äußerst fraglich ist.

Bei einigen Sparkassen und Banken wurden bei der Bewertung einer Forderungsliste die Forderungen des Kreditnehmers, die älter als 90 Tage sind, aus der Bewertung eliminiert. Im Ergebnis heißt das heute, Forderungen mit einem Alter größer als 90 Tage werden wegen des Risikos der Einbringlichkeit vom Forderungsbestand abgezogen, Forderungen mit einem Alter bis zu 90 Tagen werden wegen des Anfechtungsrisikos ebenfalls abgezogen.

Ergänzend war eine Entscheidung des OLG Dresden vom 13.10.2005 (Aktenzeichen: 13 U 2346/04) zu beachten, nach der eine Anfechtung gemäß § 131 InsO möglich ist, wenn zwar die abgetretene Forderung unanfechtbar ist, diese jedoch im anfechtungsrelevanten Zeitraum werthaltig gemacht wird. Die Beweislast für die Wertsteigerung liegt zwar beim Insolvenzverwalter, jedoch wird durch diese Rechtsprechung auch keine Aufwertung der Globalzession als Kreditsicherheit erzeugt.

Das LG Berlin hatte dagegen in einer Entscheidung vom 26.01.2007 (Aktenzeichen 23 O 32/06) eine Anfechtung mangels Massenachteil abgelehnt. Eine vom OLG Karlsruhe angenommene Parallele der Behandlung eines Pfandrechts aufgrund AGB der Sparkassen/Banken bestehe nicht. Insoweit kam das LG Berlin zu einer kongruenten Deckung.

Der Streitpunkt, ob es sich bei den durch eine Globalzession als Kreditsicherheit dienenden künftigen Forderungen um eine »kongruente oder inkongruente Deckung« handelt, hat der BGH in seinem Urteil IX ZR 30/07 vom 29.11.2007 dahingehend entschieden, dass Globalzessionsverträge auch hinsichtlich der zukünftig entstehenden Forderungen grundsätzlich nur als kongruente Sicherung anfechtbar sind.

Im Ergebnis muss nunmehr der Insolvenzverwalter darlegen und beweisen, dass die den verrechneten Zahlungseingängen zugrunde liegenden Forderungen im anfechtungsrelevanten Zeitraum vor dem Insolvenzantrag oder danach entstanden bzw. werthaltig gemacht wurden, der Schuldner in diesem Zeitpunkt zahlungsunfähig war und die Bank/Sparkasse von dieser Zahlungsunfähigkeit Kenntnis hatte.

Das Werthaltigmachen einer künftigen Forderung kann als selbständige Rechtshandlung durch den Insolvenzverwalter angefochten werden, wenn es dem Vertragsabschluss folgt. Bei einem Kaufvertrag ist das z. B. der Zeitpunkt der Übergabe, wenn diese nicht unmittelbar mit Abschluss des Kaufvertrages erfolgt. Bei Werkverträgen ist auf den Zeitpunkt der Herstellung des Werkes und bei Dienstverträgen auf Erbringung der Dienstleistung abzustellen.

Angenommen, Sie lassen sich vierteljährlich Zessionslisten vom Kunden einreichen. Liegt die Kenntnis der Sparkasse von einem Insolvenzgrund nach Einreichung der Liste vor, kann davon ausgegangen werden, dass die aufgeführten Forderungen zuvor begründet wurden und somit nicht einer Anfechtung unterliegen – eine Bewertung könnte also Sinn machen. Jedoch können diese Zessionslisten bereits überaltet sein, so dass die ermittelte Bewertung nicht mehr den tatsächlichen Stand wiederspiegelt, Sie sich also einen Sicherheitenwert »schön« gerechnet haben.

Wenn die Sparkasse nun Kenntnis von einem Insolvenztatbestand hat, müsste bei der aktuellen Bewertung der Zessionsliste herausgearbeitet werden, welche Forderungen vor der Kenntnis begründet wurden, diese können bewertet werden; diejenigen, welche nach der Kenntnis begründet wurden, können nicht bewertet werden. Dies dürfte in der Kreditsachbearbeitung nicht so leicht zu bearbeiten sein. Eine Korrektur der Bewertung käme auch in einem Moment, zu dem das Kind bereits in den Brunnen gefallen ist. In den Kreditbeschlüssen dürfte im Vorfeld jeweils ein höherer Sicherheitenwert ausgewiesen worden sein, als man bei der aktuellen Bewertung, unter den genannten Prämissen, nun erreicht.

Leider ist es nicht leicht bestimmbar, ab welchem Zeitpunkt die Sparkasse Kenntnis von einem Insolvenztatbestand hat. Zu beachten ist auch, dass nach § 130 Abs. 2 InsO ein »Kennenmüssen« der »Kenntnis« gleichgesetzt wird. Für ein Kennenmüssen kann bereits genügen, wenn es zu Scheck-, Lastschriftrückgaben oder Pfändungen gekommen ist oder aufgrund von vorgelegten § 18 KWG-Unterlagen (Bilanz, BWA's) eine Zahlungsunfähigkeit oder Überschuldung für die Sparkasse erkennbar ist.

Bei der Bewertung einer Globalzession wird in der Regel das nachfolgende oder ein vergleichbares Bewertungsschema angewendet.

BEISPIEL

Forderungsbestand gemäß Aufstellung des Kunden
- abzüglich pauschaler Risikoabschlag (bei Produktions-/Handelsunternehmen ca. 20–30 Prozent, bei Dienstleistungsunternehmen ca. 50–60 Prozent)
- abzüglich Forderungen, die älter als 180 Tage sind (von Verbandsprüfern habe ich Kenntnis, dass zum Teil älter als 90 Tage genommen wird)
- abzüglich notleidende Forderungen
- abzüglich Kreditoren mit verlängertem Eigentumsvorbehalt (gibt es bei Dienstleistungsunternehmen i. d. R. nicht, so dass von Verbandsprüfern i. d. R. ein erhöhter pauschaler Risikoabschlag erwartet wird, siehe oben)
- abzüglich Forderungen von Zessionsverweigerern
- abzüglich Auslandsforderungen

= Zwischensumme
- abzüglich Haftungsrisiko UStG
- abzüglich Kosten gem. InsO (9 Prozent)

= Beleihungswert
Beleihungsgrenze = 75 Prozent vom Beleihungswert

Bei einer solchen Bewertung dürfte kein hoher Sicherheitenwert mehr übrig bleiben. Festzuhalten bleibt jedoch, dass dem Insolvenzverwalter entgegen getreten werden muss. Er muss darlegen und beweisen. Auch die im letzen Monat vor dem Insolvenzantrag entstandenen oder werthaltig gemachten Forderungen stellen keine inkongruente Deckung dar.

4.4.9 Eingänge im Zeitraum von einem Monat vor Antragstellung

Zahlungseingänge, die innerhalb des letzten Monats vor dem Antrag auf Eröffnung des Insolvenzverfahrens auf dem Konto gutgeschrieben werden, können der Anfechtung durch den Insolvenzverwalter unterliegen. Es ist zwischen kongruenter und inkongruenter Deckung zu unterscheiden.

Inkongruente Deckungen können in der Regel durch den Insolvenzverwalter herausverlangt werden.

Bei **kongruenter** Deckung kommt eine durchgreifende Anfechtung nur in Betracht, wenn der Schuldner zur Zeit der Handlung (Zahlungseingang) zahlungsunfähig war und die Sparkasse/Bank davon Kenntnis hatte.

4.4.10 Eingänge nach dem Insolvenzantrag

Hat das Gericht keine Sicherungsmaßnahmen angeordnet, ändert sich an der Verrechnungsbefugnis nichts. Jedoch ist die Verrechnung der Zahlungseingänge anfechtbar durch den Insolvenzverwalter nach den §§ 130, 131 InsO, also wieder nach der Differenzierung kongruente oder inkongruente Deckung.

4.4.11 Eingänge und Ausgänge bei bestehender Kreditlinie

Eine Anfechtung der Verrechnungen von Zahlungseingängen scheidet nach dem Gedanken des Bargeschäfts dann aus, wenn die Sparkasse/Bank die bestehende Kreditlinie aufrechterhalten und den Kunden in Höhe der Zahlungseingänge wieder verfügen ließ. Die Sparkasse/Bank ist dadurch objektiv nicht begünstigt und die übrigen Gläubiger konnten nicht benachteiligt werden. Voraussetzung ist, dass der Kreditsaldo insgesamt nicht zurückgeführt wird. Anfechtbar bleiben die Zahlungseingänge nur insoweit, als sie den Kreditsaldo zurückgeführt haben.

Zum Teil wurde und wird die Ansicht vertreten, dass die Regeln des Bargeschäfts keine Anwendung finden, wenn die Zahlungsausgänge bis zur Höhe der Kreditlinie nicht den Zahlungseingängen gegenübergestellt werden können. Begründet wurde dies damit, dass die Sparkasse/Bank bis zur Höhe der Kreditlinie ohnehin verpflichtet war, Zahlungsausgänge zuzulassen, auch ohne die Zahlungseingänge. Bei den Zahlungseingängen handele es sich um eine anfechtbare Rückführung der Kreditlinie.

Dem ist der BGH entgegen getreten und hat entschieden, dass ein Bargeschäft auch dann gegeben ist, wenn eine Kreditlinie aufrechterhalten blieb und das Kreditlimit selbst ohne die Verrechnung der Zahlungseingänge nicht überschritten worden wäre. Die Begründung liegt darin, dass es allein auf die objektive Gleichwertigkeit der ausgetauschten Leistungen ankommt. Hier ist die Leistung nicht die Kreditgewährung oder Erhöhung der Kreditlinie, sondern die Möglichkeit, die versprochene Kreditlinie tatsächlich auszunutzen. Würde eine Anfechtung bei aufrechterhaltener Kreditlinie zugelassen, würde dies zwangsweise zur Folge haben, dass Sparkassen/Banken schon bei ersten Anzeichen einer Krise den eingeräumten Kredit sofort kündigen würden. Die Insolvenzanfechtung hat nicht den Zweck, dass der Insolvenzverwalter eine vom Insolvenzschuldner nicht voll ausgeschöpfte Kreditlinie trotz späterer Kündigung zugunsten der Masse mittelbar ausnutzt.

MERKE

Soweit Zahlungseingänge bei ungekündigter Kreditlinie zu einer Rückführung des Saldos führen, liegt eine Tilgung vor, die als inkongruente Deckung anfechtbar ist.
Bei Zahlungseingängen, die nicht zu einer Rückführung des Saldos führen, weil die Sparkasse/Bank die Kontokorrentabrede eingehalten, den Zahlungsverkehr fortgesetzt hat und unter Aufrechterhaltung der Kreditlinie Zahlungsausgänge zugelassen hat, sind auch die Zahlungseingänge vertragsgemäß, also kongruente Deckungen.
Erfährt die Sparkasse/Bank von einem Antrag auf Eröffnung des Insolvenzverfahrens, befindet sie sich in der Regel bereits in dem Zeitraum (ein Monat vor Antragstellung), in dem wegen inkongruenter Deckung angefochten werden kann.
Selbstverständlich liegt kein Bargeschäft vor, wenn die Zahlungsausgänge nicht an Dritte fließen, sondern lediglich zur Tilgung anderer Verbindlichkeiten bei derselben Sparkasse/Bank führen.

4.4.12 Widerspruch gegen Lastschriften

Für den Insolvenzverwalter kann es günstig sein, Lastschriftbelastungen, die im Einzugsermächtigungsverfahren eingezogen wurden, zu widersprechen. Auch Sparkassen/Banken können sich veranlasst sehen, dem Kunden zu empfehlen, einen Widerspruch zu erheben.

Das Widerspruchsrecht darf jedoch nur aus folgenden, noch nicht abschließenden Gründen ausgeübt werden:
- Der Schuldner hat keine Lastschriftermächtigung erteilt.
- Der Gläubiger war zwar generell ermächtigt, aber der konkrete einzelne Betrag war nicht geschuldet.
- Dem Schuldner stehen anerkennenswerte Gründe, wie ein Zurückbehaltungs-, Aufrechnungs- oder Leistungsverweigerungsrecht zu.

Das missbräuchliche Ausüben eines Widerspruchsrechtes begründet einen Ersatzanspruch aus § 826 BGB, wenn der ersten Inkassostelle, Gläubigern oder dem Zahlungspflichtigen ein Schaden entsteht. Beteiligt sich die Sparkasse/Bank an solchen Widersprüchen durch Beratung oder Empfehlung, kann sie gegenüber Gläubigern oder der ersten Inkassostelle wegen Beihilfe (psychische Beihilfe genügt) zu vorsätzlicher, sittenwidriger Schädigung gemäß § 826, 830 BGB haftbar sein.

Der BGH (IX. Zivilsenat) hatte in drei Urteilen vom 04.11.2004 einem vorläufigen Insolvenzverwalter mit Zustimmungsvorbehalt das Recht zugestanden, die Genehmigung von noch nicht genehmigten Lastschriften im Einzugsermächtigungsverfahren zu widersprechen, auch wenn keine sachlichen Einwendungen erhoben werden können. Der vorläufige Insolvenzverwalter konnte also pauschal Widerspruch erheben. Was für den vorläufigen Insolvenzverwalter gilt, trifft natürlich erst recht auf den endgültigen Insolvenzverwalter zu. Die oben ausgeführte Schadensersatzpflicht sollte auf den Insolvenzverwalter nicht zutreffen. Bei den bisher üblichen Rechnungsabschlussperioden von drei Monaten, könnte so schnell ein Zeitraum von viereinhalb Monaten entstehen. Dieses Risiko wurde von vielen Sparkassen/Banken zum Anlass genommen, die Rechnungsabschlussperioden auf »monatlich« umzustellen, um so eine Verkürzung der Genehmigungsfiktion auf zweieinhalb Monate zu erreichen. Das Risiko der Zahlstelle lässt sich somit auf einen Monat verkürzen, da die erste Inkassostelle zur Wiederaufnahme innerhalb von sechs Wochen verpflichtet ist. Durch das neue SEPA-Lastschriftmandat dürfte diese Problematik beseitigt sein, siehe nachfolgende Ausführungen.

Für Kunden der Sparkassen gab es nie eine Widerspruchsfrist. Nach Ziffer 7, Abs. 4 der AGB-Sparkassen muss der Kunde jedoch unverzüglich, d.h. ohne schuldhaftes Zögern, einer unberechtigten Lastschrift widersprechen. Was ist die Folge einer Verspätung? Der Kunde muss der Sparkasse/Bank den Schaden ersetzen, der dadurch entsteht, dass sie den Lastschriftbetrag von der 1. Inkassostelle nicht mehr zurückerhalten kann.

In welchen Fällen kann die Sparkasse/Bank als Zahlstelle den Betrag von der 1. Inkassostelle nicht mehr zurückerhalten? Eigentlich nur dann, wenn diese Bank von der BaFin (Bundesanstalt für Finanzdienstleistungsaufsicht) wegen Insolvenz geschlossen wurde oder wenn die Rückgabefrist abgelaufen ist und die Lastschrift berechtigt war.

Zwischen den Banken ist die Bearbeitung von Ermächtigungs-Lastschriften nämlich wie folgt im Lastschriftabkommen geregelt:
Nr. I, 5: Die 1. Inkassostelle haftet der Zahlstelle für jeden Schaden, der ihr durch unberechtigt eingereichte Lastschriften entsteht. Ohne jede zeitliche Begrenzung!
Nr. III, 2: Sind seit der Belastung mehr als sechs Wochen vergangen, ist eine einfache Rückgabe und Rückrechnung nicht mehr zulässig, dann muss der Schadensersatzanspruch nach Nr. I, 5 per Brief und notfalls Klage gegen die 1. Inkassostelle geltend gemacht werden. Das ist zwar etwas umständlicher, führt aber letztlich genauso zum Ziel, wenn die Lastschrift tatsächlich widerrechtlich war, also insbesondere keine Einzugsermächtigung vorlag.

Was ist nun zu tun, wenn die Rückgabefrist abgelaufen ist und ein Kunde widerspricht? In den allermeisten Fällen wird ein solcher Widerspruch nicht »unverzüglich« sein, weshalb der Kunde einen dadurch entstehenden Schaden ersetzen muss.

Überweist die 1. Inkassostelle den angeforderten Betrag vorbehaltslos zurück, ist kein Schaden entstanden (Valutaschäden lassen wir mal außer Betracht, auch die ließen sich nämlich regeln, würden aber den Umfang dieses Werkes übersteigen). Allerdings sollte damit gerechnet werden, dass die 1. Inkassostelle die Zahlung verweigert, weil ihr eine ordnungsgemäße Einziehungsermächtigung vorliegt. In diesem Fall muss zwar der Widergutschriftsanspruch des Kunden beachtet werden, dieser kann aber nicht nur durch Einzahlung auf das Konto erfüllt werden, sondern auch durch Aufrechnung mit dem Schadensersatzanspruch nach Ziffer 7, IV AGB-Sparkassen wegen fehlender Unverzüglichkeit des Widerspruchs. Bis der Schriftwechsel mit der 1. Inkassostelle geführt ist, sollte die Sparkasse/Bank also die Widerspruchsgutschrift auf dem Kundenkonto noch zurückhalten oder diese doch zumindest unter den ausdrücklichen Vorbehalt der Rückforderung stellen.

Durch Ziffer 7, IV AGB gelten seit 2002 Belastungsbuchungen, für die der Kunde tatsächlich eine Einziehungsermächtigung erteilt hatte, spätestens dann als genehmigt, wenn sie in einem Rechnungsabschluss enthalten sind, dem der Kunde innerhalb von sechs Wochen seit Zugang des Rechnungsabschlusses nicht widersprochen hat. Da der Zugang des Rechnungsabschlusses bewiesen werden muss, kann es im Einzelfall immer noch Probleme geben.

Inzwischen mehrten sich auch Stimmen von Gerichten, die eine stillschweigende Genehmigung annehmen wollen, wenn ein Kunde sein Konto unbeeindruckt und ohne Widerspruch weiter führt, obwohl er von der Belastung seines Kontos Kenntnis hat. Für den gewerblichen Kontobereich liegt inzwischen ein Urteil des BGH vor, siehe nachfolgende Ausführungen.

Kann eine solche Genehmigung angenommen werden, dann ist ein Widerspruch des Kunden nicht mehr möglich und er muss sich wegen eventuell ungerechtfertigter Zahlungen mit dem Zahlungsempfänger direkt auseinander setzen. Hatte er nie eine Einziehungsermächtigung erteilt, muss der Widerspruch bearbeitet werden und sich wie oben beschrieben mit der 1. Inkassostelle auseinander gesetzt werden.

Der BGH (IX. Senat in Abstimmung mit dem XI. Senat) hat sich mit den Urteilen IX ZR 37/09 und XI ZR 236/07 weiter zur Insolvenzfestigkeit von Einzugsermächtigungslastschriften geäußert. Der BGH weist darauf hin, dass eine konkludente Genehmigung in Betracht kommt. Dies insbesondere bei Geschäftsgirokonten, auf denen regelmäßig wiederkehrende Zahlungen durch Lastschriften erfolgen. Mit einer konkludenten Genehmigung erlischt das Widerspruchsrecht des Insolvenzverwalters.

Ebenfalls hat der BGH einem pauschalen Widerspruchsrecht bei natürlichen Personen eine Einschränkung erteilt. Wenn die Summe der Lastschriften und Barabhebungen sowie Überweisungen den pfändungsfreien Betrag nicht übersteigt, darf der Insolvenzverwalter den Lastschriften nicht widersprechen. Die Urteile sind sehr lesenswert.

IX ZR 37/09 (PAUSCHALER WIDERSPRUCH) LEITSÄTZE DES GERICHTS

1. Ist eine im Einzugsermächtigungsverfahren erfolgte Lastschrift unter Verwendung des unpfändbaren Schuldnervermögens eingelöst worden, fehlt dem (vorläufigen) Verwalter/Treuhänder in der Insolvenz des Schuldners – unabhängig davon, ob jenem die Verwaltungs- und Verfügungsbefugnis übertragen worden ist – die Rechtsmacht, die Genehmigung zu versagen.

2. Der (vorläufige) Verwalter/Treuhänder darf im Einzugsermächtigungsverfahren erfolgten, vom Schuldner noch nicht genehmigten Lastschriften **nicht pauschal die Genehmigung versagen, sondern muss im Einzelfall prüfen, wie weit seine Rechtsmacht reicht.**

Im Einzelnen wird in den Entscheidungsgründen ausgeführt, dass sich für Lastschriften in der Variante des Einzugsermächtigungsverfahrens die Genehmigungstheorie durchgesetzt habe. Ein Gläubiger erlangt aufgrund der Einzugsermächtigung keinerlei Rechte. Das ist erst dann der Fall, wenn der Schuldner die Belastungsbuchung genehmigt oder die Genehmigung gemäß den AGB der Sparkasse/Bank fingiert wird. Daraus folgte, dass der vorläufige Insolvenzverwalter mit Zustimmungsvorbehalt befugt war, den Lastschriften, wie oben dargestellt, zu widersprechen. Danach war die Lastschrift in der Variante des Einzugsermächtigungsverfahrens nicht insolvenzfest. In Einzelfällen wurde jedoch die konkludente Genehmigung angenommen, so dass der spätere Widerspruch des Insolvenzverwalters wirkungslos war. Der Insolvenzverwalter kann, zumindest bei natürlichen Personen, nicht mehr pauschal allen Lastschriften, die noch nicht genehmigt sind, »widersprechen«, d. h. die Genehmigung verweigern. Er muss vielmehr prüfen, ob das pfändungsfreie »Schonvermögen« des Schuldners betroffen ist. Ob dies der Fall ist, kann der Verwalter nach Einsichtnahme in das Schuldnerkonto aufgrund einer einfachen Rechenoperation relativ leicht feststellen. Die Ermittlung des Pfändungsfreibetrages ist jedem Insolvenzverwalter geläufig. Der Verwalter muss dem Schuldner Gelegenheit geben zu entscheiden, ob und ggf. welche Lastschrift aus dem »Schonvermögen« bedient sein soll. Auch hier darf er nicht von sich aus schematisch allen Lastschriftbuchungen »widersprechen«, d. h. die Genehmigung versagen. Wenn der Verwalter widerspricht, obwohl ihm hierzu die Rechtsmacht fehlt, führt dies zur Rückbelastung. **Denn im Allgemeinen darf die Zahlstelle davon ausgehen, dass der Verwalter gesetzmäßig handelt.** Wenn der Verwalter seine Nichtberechtigung erkennen konnte und dem Schuldner aus der Rückbelastung ein Schaden erwachsen ist, haftet der Verwalter dem Schuldner gemäß § 60 InsO. Die Zahlstelle **darf** ihrerseits prüfen ob der Verwalter seine Befugnis überschreitet.

Aus diesem Urteil wird also klar, dass ein pauschaler Widerspruch des Verwalters durch die Sparkasse/Bank, bei natürlichen Personen, zurückgewiesen werden kann. Der Verwalter ist insoweit verpflichtet, ggf. mehr darzulegen. Andererseits ist die Sparkasse/Bank berechtigt, den Widerspruch zu beachten, soweit sich ihr ein Überschreiten der Befugnis nicht aufdrängt.

Ergänzend ist auf das ab dem 01.07.2010 auf Verlangen des Kunden einzurichtende »P-Konto« hinzuweisen. Über ein solches Konto laufende Einkünfte der Existenzsicherung kann der Schuldner im Rahmen der Pfändungsfreigrenzen für Arbeitseinkommen seine Geldgeschäfte des täglichen Lebens trotz einer Pfändung vornehmen. In diesem Umfang können Lastschriften nur durch den Kontoinhaber, nicht vom Verwalter genehmigt werden.

XI ZR 236/07 (KONKLUDENTE GENEHMIGUNG) LEITSÄTZE DES GERICHTS:

1. Eine Zahlung, die mittels des im November 2009 neu eingeführten SEPA-Lastschriftverfahrens bewirkt wird, ist insolvenzfest. Der Anspruch des Zahlers, gemäß § 675x Abs. 1, 2, 4 BGB in Verbindung mit Abschnitt C Nr. 2.5 Abs. 1 der Sonderbedingungen für den Lastschriftverkehr im SEPA-Basis-Lastschriftverfahren binnen acht Wochen ab Belastungsbuchung von seinem Kreditinstitut Erstattung des Zahlbetrages verlangen zu können, fällt in entsprechender Anwendung des § 377 Abs. 1 BGB nicht in die Insolvenzmasse (§ 36 Abs. 1 Satz 1 InsO).
2. Das Einzugsermächtigungslastschriftverfahren kann von der Kreditwirtschaft seit Inkrafttreten des neuen Zahlungsdiensterechts rechtswirksam in Allgemeinen Geschäftsbedingungen dem SEPA-Basis-Lastschriftverfahren nachgebildet werden (§ 675j Abs. 1, § 675x Abs. 1, 2, 4 BGB). Bei einer solchen rechtlichen Ausgestaltung der Einzugsermächtigungslastschrift sind auch die auf diesem Wege bewirkten Zahlungen von Anfang an insolvenzfest.
3. Nach derzeitiger Ausgestaltung des Einzugsermächtigungslastschriftverfahrens hängt die Wirksamkeit der Kontobelastung davon ab, ob der Lastschriftschuldner diese gegenüber seinem Kreditinstitut genehmigt (§ 684 Satz 2 BGB). Dabei schließt die Genehmigungsfiktion in den Allgemeinen Geschäftsbedingungen der Kreditinstitute eine vorherige Genehmigung durch schlüssiges Verhalten nicht aus. Bei regelmäßig wiederkehrenden Zahlungen, wie etwa aus Dauerschuldverhältnissen, ständigen Geschäftsbeziehungen oder zur Steuer-

vorauszahlung, kann nach den vom Tatgericht festzustellenden Umständen des Einzelfalls – jedenfalls im unternehmerischen Geschäftsverkehr – eine konkludente Genehmigung vorliegen, wenn der Lastschriftschuldner in Kenntnis der Belastung dem Einzug nach Ablauf einer angemessenen Prüffrist nicht widerspricht und er einen früheren Einzug zuvor bereits genehmigt hatte.

Der BGH trifft in seinen Entscheidungsgründen umfangreiche Ausführungen zum traditionellen Einzugsermächtigungsverfahren aber auch zum neuen SEPA-Basis-Lastschriftverfahren.

Im **traditionellen Einzugsermächtigungsverfahren** sieht der BGH, im gewerblichen Bereich, die Möglichkeit der Genehmigung durch schlüssiges Verhalten. Aus der einfachen Fortführung des Zahlungsverkehrs über das Konto ist das noch nicht gegeben. Um aus dieser Weiternutzung eine konkludente Genehmigung herzuleiten, müssten weitere Umstände hinzutreten. Das könnte beispielsweise der Fall sein, wenn der Kunde seinen Zahlungsverkehr mit der Sparkasse/Bank unter Berücksichtigung des Kontostandes abstimmt.

Eine konkludente Genehmigung kommt insbesondere in Betracht, wenn es sich bei den Lastschriftbuchungen/Lastschriften aus Dauerschuldverhältnissen, um Forderungen aus laufenden Geschäftsbeziehungen bzw. regelmäßig wiederkehrende Forderungen (z. B. Steuervorauszahlungen) handelt und diesen Belastungsbuchungen niemals zuvor widersprochen wurde. In einer solchen Situation sind an eine Genehmigung durch schlüssiges Verhalten keine zu hohen Anforderungen zu stellen. Dies jedenfalls dann, wenn das Konto im unternehmerischen Geschäftsverkehr geführt wird. In einem solchen Fall kann die Zahlstelle damit rechnen, dass die Kontobewegungen zeitnah nachvollzogen und überprüft werden.

Die insolvenzrechtlichen Probleme sieht der BGH durch das **SEPA-Lastschriftmandat** als gelöst an, wenn der Schuldner mit Erteilung der Einzugsermächtigung zugleich der Belastung seines Kontos zustimmt. Das SEPA-Mandat beinhaltet nicht nur die Gestattung des Zahlungsempfängers, den Betrag vom Konto des Zahlungspflichtigen einzuziehen, sondern darüber hinaus auch die an die Zahlstelle gerichtete Weisung, die vom Zahlungsempfänger auf das Schuldnerkonto gezogene SEPA-Lastschrift einzulösen. Dadurch autorisiert der Zahler den Zahlungsvorgang bereits vor Ausführung in Form einer Einwilligung. Aufgrund dieses rechtlichen Inhalts des SEPA-Mandats hat die mittels SEPA-Lastschriftverfahrens bewirkte Zahlung auch Bestand, wenn nach der Belastungsbuchung über das Vermögen des Zahlungspflichtigen das Insolvenzverfahren eröffnet wird bzw. im Eröffnungsverfahren entsprechende Sicherungsmaßnahmen angeordnet werden. Der Sparkasse/Bank steht der Aufwendungsersatzanspruch zu. Der (vorläufige) Insolvenzverwalter ist nicht in der Lage, die Entstehung dieses Anspruchs noch zu verhindern. Insbesondere hängt die Wirksamkeit der Kontobelastung von keiner Verfügung im Sinne des § 21 InsO mehr ab, die der Zustimmung des vorläufigen, »schwachen« Insolvenzverwalters bedürfen. Auch der Schuldner hat in der Regel nicht die Möglichkeit, seiner Sparkasse/Bank diesen Anspruch zu entziehen.

Der Schuldner kann nach dem SEPA-Basis-Lastschriftverfahren der Belastungsbuchung innerhalb von acht Wochen widersprechen. Nach den in Interbankenverhältnissen geltenden Regelungen gilt auch hier eine Acht-Wochen-Frist, so dass sich die Problematik verspäteter Lastschriftrückgaben für die Zahlstelle erledigt haben dürfte.

Die Zahlung ist auch dann insolvenzfest, wenn vor Ablauf der Acht-Wochen-Frist das Insolvenzverfahren über das Vermögen des Zahlungspflichtigen eröffnet wird bzw. in einem Eröffnungsverfahren entsprechende Sicherungsmaßnahmen angeordnet werden. Für das SEPA-Firmenlastschriftverfahren ergibt sich das bereits aus den Sonderbedingungen, nach denen der Zahlende keine Möglichkeit hat, den Zahlungsbetrag zurückzuerlangen. Für das SEPA-Firmenlastschriftverfahren wurde diese Möglichkeit abbedungen. Da das SEPA-Firmenlastschriftverfahren nicht von Verbrauchern genutzt werden kann, ist eine solche Vereinbarung zulässig.

Wie bereits angesprochen hat der Zahlungspflichtige im SEPA-Basis-Lastschriftverfahren die Möglichkeit, innerhalb von acht Wochen der Belastung zu widersprechen. Dieser Anspruch fällt jedoch im Falle der Eröffnung eines Insolvenzverfahrens nicht in die Insolvenzmasse, so dass der Insolvenzverwalter insoweit keine Verfügungsbefugnis nach § 80 Abs. 1 InsO erlangt. Damit kann auch der vorläufige »starke« Insolvenzverwalter keine entsprechenden Befugnisse für sich herleiten.

Mit der Erteilung des Zahlungsauftrages an seine Sparkasse/Bank habe der Zahlungspflichtige bereits die endgültige Befriedigung des Gläubigers begonnen, in diesen Zahlungsvorgang dürfe der Insolvenzverwalter nicht mehr eingreifen.

4.5 Kreditsicherheiten in der Insolvenz

Im Insolvenzverfahren stellen sich regelmäßig die Fragen, ob die Sicherheit wirksam bestellt ist und wer zur Verwertung der Sicherheit berechtigt ist. Die zivilrechtlich wirksame Bestellung der Kreditsicherheiten durch die Kreditberater und Kreditsachbearbeiter ist Thema anderer Publikationen. Hier soll der Einfluss der insolvenzrechtlichen Vorschriften beleuchtet werden.

4.5.1 Verfahrensgang eines Insolvenzverfahrens

Die stark verkürzte Darstellung soll lediglich der Orientierung dienen und beschränkt sich auf den Zeitraum ab Antragstellung bis zur Eröffnung des Verfahrens als zwei entscheidende Zeitpunkte für das Insolvenzverfahren.

4.5.1.1   Antrag

Zunächst beantragt entweder der Schuldner oder ein Gläubiger die Eröffnung des Insolvenzverfahrens (§ 13 InsO).

4.5.1.2 Prüfung im Auftrag des Insolvenzgerichts

Das Gericht prüft im Eröffnungsverfahren, ob die Verfahrensvoraussetzungen vorliegen. Es kann einen Sachverständigen mit der Prüfung, ob ein Insolvenzgrund (§§ 17, 18, 19 InsO) vorliegt und ob die Massekosten (Verfahrenskosten und die Vergütung des Insolvenzverwalters) gedeckt sind, beauftragen.

4.5.1.3 Anordnung von Sicherungsmaßnahmen

Das Gericht kann Sicherungsmaßnahmen anordnen, wenn zu befürchten ist, dass die Insolvenzmasse bedroht ist (Insolvenzmasse im Sinne des § 35 InsO = das Vermögen, das dem Schuldner zur Zeit der Eröffnung des Verfahrens gehört und das er während des Verfahrens erlangt):

- Hier kommt zunächst die Bestellung eines vorläufigen Insolvenzverwalters in Betracht (§ 21 Nr. 1 InsO, sog. »schwacher« Insolvenzverwalter).
- Das Gericht kann ein allgemeines Verfügungsverbot auferlegen und anordnen (§ 21 Nr. 2 InsO – sog. »starker« Insolvenzverwalter), dass Verfügungen des Schuldners nur mit Zustimmung des vorläufigen Insolvenzverwalters wirksam sind (§ 21 Nr. 2 InsO – sog. »schwacher« vorläufiger Insolvenzverwalter).
- Das Gericht kann Zwangsvollstreckungen gegen den Schuldner untersagen oder einstweilen einstellen, soweit nicht unbewegliche Gegenstände betroffen sind (§ 21 Nr. 3 InsO).
- Das Gericht kann eine allgemeine Postsperre anordnen (§ 21 Nr. 4 InsO).

4.5.1.4 Eröffnung oder Abweisung mangels Masse

Bei Vorliegen eines Insolvenzgrundes und Deckung der Massekosten wird das Verfahren eröffnet. Sollte einer dieser Punkte nicht vorliegen, wird der Antrag abgewiesen. Bis zur Eröffnung des Verfahrens kann der Antrag zurückgenommen werden, ab Eröffnung kann das Verfahren nur auf Antrag des Schuldners und mit Zustimmung der Gläubiger eingestellt werden (§§ 212, 213 InsO).

4.5.2 Insolvenzgründe mit Definition

In der Insolvenzordnung wurden drei Insolvenzeröffnungsgründe festgeschrieben und definiert. Liegt einer dieser Gründe vor, so ist ein Gläubiger oder der Schuldner berechtigt, zum Teil auch verpflichtet, einen Insolvenzantrag zu stellen.

§ 17 InsO – Zahlungsunfähigkeit

Der Schuldner ist zahlungsunfähig, wenn er nicht in der Lage ist, seine fälligen Zahlungsverpflichtungen zu erfüllen. Sie ist in der Regel anzunehmen, wenn er seine Zahlungen eingestellt hat. Abzugrenzen ist die Zahlungsunfähigkeit von einer vorübergehenden Zahlungsstockung. Es wird auf die im Vorfeld bereits erfolgten Ausführungen verwiesen.

§ 18 InsO – Drohende Zahlungsunfähigkeit

Diese liegt vor, wenn der Schuldner voraussichtlich nicht in der Lage sein wird, seine bestehenden Zahlungsverpflichtungen im Zeitpunkt ihrer Fälligkeit zu erfüllen. Es handelt sich hier nicht um eine Verpflichtung der organschaftlichen Vertreter einer Gesellschaft zur Antragstellung, sondern vielmehr um eine Chance, das Unternehmen unter den Schutz der Insolvenzordnung zu stellen, um Restrukturierungsmaßnahmen zu ergreifen. Es wird auf die im Vorfeld bereits erfolgten Ausführungen verwiesen.

§ 19 InsO – Überschuldung

Überschuldung liegt vor, wenn das Vermögen des Schuldners die bestehenden Verbindlichkeiten nicht mehr deckt. Bei der Bewertung des Vermögens des Schuldners ist jedoch die Fortführung des Unternehmens zugrunde zu legen, wenn diese nach den Umständen überwiegend wahrscheinlich ist. Es wird auf die im Vorfeld bereits erfolgten Ausführungen verwiesen.

4.5.3 Zeitraum vor Eröffnung des Verfahrens/Anfechtungsrecht

In dem Zeitraum vor Eröffnung des Insolvenzverfahrens, aber auch schon vor Antragstellung auf Eröffnung des Insolvenzverfahrens, können Rechtshandlungen der Insolvenzanfechtung unterliegen (§§ 129 ff. InsO). Das Anfechtungsrecht ist für einen Insolvenzverwalter von besonderem Interesse, da er hier die Möglichkeit hat, Vermögenswerte zur Masse zu ziehen. Dies ermöglicht ihm die Eröffnung des Verfahrens. Von den Anfechtungsmöglichkeiten der Insolvenzordnung ausgeschlossen sind Sicherheiten, die ein Dritter (also nicht der Insolvenzschuldner) für Verbindlichkeiten des Insolvenzschuldners bestellt hat, und Bargeschäfte (es ist kein Bargeld gemeint). Hier werden nur die Anfechtungstatbestände benannt, die besonders häufig anzutreffen sind. Grundvoraussetzung für eine Anfechtung nach den §§ 129 ff. InsO ist, dass eine Rechtshandlung vor Eröffnung des Insolvenzverfahrens vorgenommen worden ist und die Insolvenzgläubiger benachteiligt werden.

Zu differenzieren ist zwischen kongruenter und inkongruenter Deckung:

Kongruente Deckungen sind Sicherungen oder Befriedigungen, die der Gläubiger im Zeitpunkt der Rechtshandlung beanspruchen durfte.

Inkongruente Deckungen sind Sicherungen und Befriedigungen, die der Gläubiger entweder nicht zu dem Zeitpunkt oder nicht in der konkreten Art beanspruchen durfte.

4.5.3.1 Kongruente Deckung, § 130 InsO

Bei der Variante der kongruenten Deckung muss die Handlung innerhalb der letzten drei Monate vor dem Antrag auf Eröffnung des Insolvenzverfahrens oder nach dem Antrag vorgenommen worden sein.

§ 130 Abs. 1 Nr. 1 InsO

Voraussetzungen:
1. Rechtshandlung im Zeitraum von drei Monaten **vor Antragstellung**.
2. Der Schuldner war im Zeitpunkt der Rechtshandlung zahlungsunfähig (objektives Tatbestandsmerkmal) und
3. der Gläubiger hatte zu diesem Zeitpunkt Kenntnis von der Zahlungsunfähigkeit (subjektives Tatbestandsmerkmal).

Rechtsfolge:
Der Gläubiger muss das Erlangte an den Insolvenzverwalter herausgeben und hat das Nachsehen.

§ 130 Abs. 1 Nr. 2 InsO

Voraussetzungen:
1. Rechtshandlung wird **nach dem Eröffnungsantrag** (aber vor Insolvenzeröffnung) vorgenommen (objektives Tatbestandsmerkmal).
2. Der Gläubiger kannte im Zeitpunkt der Rechtshandlung die Zahlungsunfähigkeit oder wusste, dass der Eröffnungsantrag gestellt worden ist (subjektives Tatbestandsmerkmal).

Rechtsfolge:
Der Gläubiger muss das Erlangte an den Insolvenzverwalter herausgeben und hat das Nachsehen.

WICHTIG

Die Kenntnis der Zahlungsunfähigkeit steht der Kenntnis von Umständen gleich, die zwingend auf die Zahlungsunfähigkeit schließen lassen, § 130 Abs. 2 InsO. Das können z. B. von der Sparkasse/Bank veranlasste Scheck- und Lastschriftrückgaben sein.

4.5.3.2   *Inkongruente Deckung, § 131 InsO*

§ 131 Abs. 1 Nr. 1 InsO

Voraussetzung:
Handlung im letzten Monat **vor dem Eröffnungsantrag** oder nach dem Eröffnungsantrag (objektives Tatbestandsmerkmal).

Rechtsfolge:
Der Gläubiger muss das Erlangte an den Insolvenzverwalter herausgeben und hat das Nachsehen.

§ 131 Abs. 1. Nr. 2 InsO

Voraussetzungen:
1. Handlung im Zeitraum bis zu drei Monaten vor **dem Eröffnungsantrag** (objektives Tatbestandsmerkmal).
2. Der Schuldner war zu diesem Zeitpunkt bereits zahlungsunfähig (objektives Tatbestandsmerkmal).

Rechtsfolge:
Der Gläubiger muss das Erlangte an den Insolvenzverwalter herausgeben und hat das Nachsehen.

§ 131 Abs. 1 Nr. 3 InsO

Voraussetzungen:
1. Handlung im Zeitraum bis zu drei Monaten vor **dem Eröffnungsantrag** (objektives Tatbestandsmerkmal).
2. Dem Gläubiger war in diesem Zeitpunkt bekannt, dass die Handlung andere Gläubiger benachteiligt (subjektives Tatbestandsmerkmal).

Rechtsfolge:
Der Gläubiger muss das Erlangte an den Insolvenzverwalter herausgeben und hat das Nachsehen.

4.5.3.3 Unmittelbar nachteilige Rechtshandlungen, § 132 InsO

§ 132 Abs. 1 Nr. 1 InsO

Voraussetzungen:
1. **Handlung des Schuldners**, die die Insolvenzgläubiger benachteiligt.
2. In einem Zeitraum von drei Monaten **vor dem Eröffnungsantrag**.
3. Der Schuldner war zu diesem Zeitpunkt zahlungsunfähig (objektives Tatbestandsmerkmal).
4. Der andere Teil kannte die Zahlungsunfähigkeit (subjektives Tatbestandsmerkmal).

Rechtsfolge:
Der andere Teil muss das Erlangte an den Insolvenzverwalter herausgeben und hat das Nachsehen.

§ 132 Abs. 1 Nr. 2 InsO

Voraussetzungen:
1. **Handlung des Schuldners**, die die Insolvenzgläubiger benachteiligt.
2. Handlung wurde nach dem Eröffnungsantrag vorgenommen.

3. Der andere Teil (z. B. Vertragspartner) kannte die Zahlungsunfähigkeit oder wusste, dass der Eröffnungsantrag gestellt worden ist (subjektives Tatbestandsmerkmal).

Auch bei § 132 InsO gilt wie bei § 130 InsO, dass das »Kennenmüssen« der »tatsächlichen Kenntnis« gleichgestellt ist.

Rechtsfolge:
Der andere Teil muss das Erlangte an den Insolvenzverwalter herausgeben und hat das Nachsehen.

4.5.3.4 Vorsätzliche Benachteiligung, § 133 InsO

§ 133 Abs. 1 InsO

Voraussetzungen:
1. **Rechtshandlung des Schuldners** in den letzten zehn Jahren vor dem Eröffnungsantrag oder nach dem Antrag (objektives Tatbestandsmerkmal).
2. Vorsatz des Schuldners zur Gläubigerbenachteiligung.
3. Der andere Teil (z. B. Vertragspartner) kannte im Zeitpunkt der Handlung den Vorsatz des Schuldners (subjektives Tatbestandsmerkmal).

Rechtsfolge:
Der andere Teil muss das Erlangte an den Insolvenzverwalter herausgeben und hat das Nachsehen.

§ 133 Abs. 2 InsO

Voraussetzungen:
1. Entgeltlicher Vertrag zwischen dem Schuldner und einer nahestehenden Person.
2. In einem Zeitraum von zwei Jahren vor dem Eröffnungsantrag.
3. Unmittelbare Benachteiligung der Insolvenzgläubiger durch diesen Vertrag.

Rechtsfolge:
Der andere Teil muss das Erlangte an den Insolvenzverwalter herausgeben und hat das Nachsehen.
Wer als nahe stehende Person im Sinne der Insolvenzordnung angesehen wird, ist in § 138 InsO normiert.

Bei natürlichen Personen sind das:
- der Ehegatte des Schuldners
- Verwandte des Schuldners oder dessen Ehegatten in auf- und absteigender Linie und voll- und halbbürtige Geschwister derselben
- Personen, die in häuslicher Gemeinschaft mit dem Schuldner leben oder im letzten Jahr vor der Handlung gelebt haben

Bei juristischen Personen sind das:
- die Mitglieder des Vertretungs- oder Aufsichtsorgans und persönlich haftende Gesellschafter des Schuldners sowie Personen, die zu mehr als einem Viertel am Kapital des Schuldners beteiligt sind
- Personen oder Gesellschaften, die aufgrund einer vergleichbaren gesellschaftsrechtlichen Stellung oder dienstvertraglichen Verbindung zum Schuldner die Möglichkeit haben, sich über dessen wirtschaftliche Verhältnisse zu unterrichten
- auch Personen, die zu einer der unmittelbar zuvor umschriebenen Personen, in einem, wie unter den natürlichen Personen aufgeführten, Verhältnis steht

4.5.3.5   Unentgeltliche Leistung, § 134 InsO

Dieser Anfechtungsgrund wird auch als »Schenkungsanfechtung« bezeichnet.
Voraussetzungen:
1. Unentgeltliche Leistung des Schuldners.
2. In einem Zeitraum von vier Jahren vor dem Eröffnungsantrag.

Rechtsfolge:
Die unentgeltlich erlangte Leistung muss an den Insolvenzverwalter herausgegeben werden.

4.5.3.6   Anfechtung bei eigenkapitalersetzenden Gesellschafterleistungen, § 135 InsO

Rechtshandlungen sind anfechtbar, durch die einem Gesellschafter, dessen Forderung gegen die Gesellschaft eigenkapitalersetzenden Charakter hatte, innerhalb der letzten 10 Jahre vor dem Insolvenzantrag oder danach eine Sicherheit gewährt worden ist oder durch die der Gesellschafter innerhalb des letzten Jahres vor dem Eröffnungsantrag oder danach befriedigt worden ist. Erfasst werden alle Fälle des Eigenkapitalersatzes, unabhängig davon, ob es sich um eigenkapitalersetzende Leistungen einer GmbH, einer AG oder um Fälle der §§ 129a, 172a HGB handelt.

4.5.3.7   Bargeschäfte, § 142 InsO

Von der Anfechtung ausgenommen sind so genannte Bargeschäfte, § 142 InsO. Dabei handelt es sich nicht um Geschäfte, bei denen unbedingt Bargeld im Spiel ist. Gemeint sind Austauschgeschäfte, bei denen eine gleichwertige Gegenleistung in das Schuldnervermögen fließt wie aus diesem heraus. Der Austausch der einzelnen Leistungen sollte einen Zeitraum von bis zu vier Wochen nicht überschreiten. Im Kontoverkehr sollten zwischen dem Zahlungseingang und der Verfügung nach Möglichkeit nicht mehr als eine Woche liegen. Auf die Reihenfolge von Zahlungseingang und Verfügung kommt es nicht an. Diese Geschäfte sind nur dann anfechtbar, wenn sie vorsätzlich zum Nachteil anderer Gläubiger (§ 133 Abs. 1 InsO) erfolgen.

WICHTIG

Auch Sicherheitenbestellungen, die vor Eröffnung des Insolvenzverfahrens mit Zustimmung des vorläufigen Insolvenzverwalters erfolgen, können nach Eröffnung des Insolvenzverfahrens vom späteren Insolvenzverwalter »erfolgreich« angefochten werden. Selbst dann, wenn der vorläufige Insolvenzverwalter mit dem »endgültigen« Insolvenzverwalter, und das ist die Regel, personenidentisch ist.

4.5.4 Zeitraum nach Eröffnung des Verfahrens

Nach Eröffnung des Insolvenzverfahrens ist eine Anfechtung der Rechtshandlungen nicht mehr erforderlich. Die Insolvenzmasse wird durch die §§ 81, 82, 88, 95, 96 InsO geschützt.

Gemäß § 80 InsO geht mit Eröffnung des Insolvenzverfahrens das Recht des Schuldners, das zur Insolvenzmasse gehörende Vermögen zu verwalten und darüber zu verfügen, auf den Insolvenzverwalter über.

Anmerkung

Ist ein vorläufiger »starker« Insolvenzverwalter im Verfahren bis zur Eröffnung vom Gericht bestellt worden, so tritt diese Wirkung bereits zu diesem Zeitpunkt ein.

§ 81 Abs. 1 Satz 1 InsO – Verfügungen des Schuldners über die Insolvenzmasse sind unwirksam, gutgläubiger Erwerb ist *nicht* möglich.

§ 82 InsO – durch Leistungen an den Schuldner wird dessen Schuldner nur frei, wenn er zur Zeit der Leistung von der Eröffnung *keine Kenntnis* hatte.

§ 88 InsO – so genannte Rückschlagsperre – hat ein Gläubiger im letzten Monat (§ 312 Abs. 1 InsO: bei Verbraucherinsolvenz drei Monate) vor dem Antrag auf Eröffnung des Insolvenzverfahrens oder nach diesem Antrag durch Zwangsvollstreckung eine Sicherung (Pfändungspfandrecht) an dem zur Insolvenzmasse gehörenden Vermögen erlangt, so wird diese Sicherung mit Eröffnung des Verfahrens unwirksam.

4.5.5 Aufrechnungsrecht

Nach **§ 94 InsO** bleibt eine einmal bestehende Aufrechnungslage auch nach Eröffnung bestehen.

MERKE

Tritt die Aufrechnungslage erst nach Eröffnung ein, ist die Aufrechnung von der Fälligkeit der Forderungen abhängig.

Ist die Hauptforderung (= Forderung, gegen die aufgerechnet wird) vor der Gegenforderung (= Forderung des Aufrechnenden) fällig, ist eine Aufrechnung nach § 95 Abs. 1 Satz 3 InsO grundsätzlich ausgeschlossen (Ausnahme: AGB-Pfandrecht). Die Hauptforderung ist in diesem Fall an die Masse zu leisten, die Gegenforderung dagegen als Insolvenzforderung weiterzuverfolgen.

§ 96 InsO – Unzulässige Aufrechnung

- Nr. 1 - Gläubiger wird erst nach Eröffnung etwas zur Masse schuldig.
- Nr. 2 - Gläubiger erwirbt eine Forderung von einem anderen Gläubiger erst nach Eröffnung.
- Nr. 3 - Gläubiger hat die Möglichkeit der Aufrechnung durch eine anfechtbare Rechtshandlung erlangt.
- Nr. 4 - Forderung des Gläubigers ist aus dem insolvenzfreien Vermögen zu erfüllen, er selbst schuldet jedoch etwas zur Insolvenzmasse.

4.6 Aussonderung und Absonderung

4.6.1 Die verschiedenen Sicherungsrechte im Insolvenzverfahren

Mit Eröffnung des Insolvenzverfahrens über das Vermögen des Insolvenzschuldners hat der Insolvenzverwalter gemäß § 148 InsO das gesamte zur Insolvenzmasse gehörende Vermögen in Besitz zu nehmen. Dazu zählen alle körperlichen Gegenstände, Forderungen und Rechte des Insolvenzschuldners. Der Insolvenzverwalter nimmt aber auch die Vermögenswerte in Besitz, die vielleicht nicht zur Insolvenzmasse gehören, sich aber im Zeitpunkt der Eröffnung im Besitz des Insolvenzschuldners befinden. In diesem Zusammenhang werden auch die Begriffe »Ist-Masse« und »Soll-Masse« gebraucht.

Sollten sich in der »Ist-Masse« Vermögenswerte Dritter befinden, sind diese berechtigt, ihren Vermögensgegenstand herauszuverlangen. Erst nach Bereinigung der Masse um diese Vermögensgegenstände entsteht die »Soll-Masse«, aus der die Massekosten und anschließend die Insolvenzgläubiger bedient werden.

Inhaber von »Vollrechtseigentum« an Sachen oder Rechten können die Aussonderung ihrer Sache oder ihres Rechtes aus dem Insolvenzbeschlag verlangen, § 47 InsO.

Sicherungseigentümer (Sicherungsübereignungen, Sicherungszessionen) sind zwar sachenrechtlich Eigentümer im Sinne des BGB, diese Rechte werden jedoch durch die Insolvenzordnung beschnitten und der Insolvenzmasse gemäß § 35 InsO zugerechnet. Der Sicherungseigentümer ist verpflichtet, das Sicherungsgut an die Insolvenzmasse zu gewähren, wenn die besicherte Forderung erfüllt ist. Er kann über das Sicherungsgut nur im Rahmen der getroffenen Sicherungsabrede (Zweckerklärung) verfügen. Der Gesetzgeber sieht in diesen Rechten eine größere

Nähe zu den Pfandrechten und hat daher in § 51 Nr. 1 InsO für Sicherungseigentümer und Sicherungszessionare nur die abgesonderte Befriedigung vorgesehen.

Ebenso gehören alle Gegenstände und Werte, die im Eigentum des Insolvenzschuldners stehen, an denen aber Gläubiger Sicherungsrechte (Grundpfandrechte, Pfandrechte etc.) haben, zu der Insolvenzmasse nach § 35 InsO. Auch diese Gläubiger sind auf nur abgesonderte Befriedigung verwiesen und können keine Aussonderung verlangen.

4.6.2 Aussonderung, § 47 InsO

Ein Dritter kann gegen den Insolvenzverwalter einen Anspruch auf Aussonderung eines Gegenstandes geltend machen, wenn er an diesem Gegenstand ein dingliches oder persönliches Recht hat.

Das Aussonderungsrecht weist eine Parallele zur Drittwiderspruchsklage gemäß § 771 ZPO in der Einzelzwangsvollstreckung auf. Bei beiden macht ein Dritter geltend, ein Gegenstand sei materiell ungerechtfertigt in Beschlag genommen worden. Der Unterschied ist, dass die Klage nach § 771 ZPO gegen den jeweiligen Vollstreckungsgläubiger zu erheben, das Aussonderungsrecht dagegen gegenüber dem Insolvenzverwalter geltend zu machen ist.

4.6.2.1 *Eigentum*

Wichtigster Fall der Aussonderungsrechte ist das Eigentum. Der Eigentümer kann in der Insolvenz des Besitzers die Herausgabe seines Eigentums gemäß § 985 BGB vom Insolvenzverwalter verlangen, wenn der Insolvenzverwalter unmittelbarer Besitzer ist. Hat der Insolvenzverwalter ein Recht zum Besitz, kann er die Herausgabe gemäß § 986 BGB verweigern.

Der Eigentümer kann die Aussonderung solange verlangen, wie sein Eigentum besteht. Hat der Besitzer sich schuldrechtlich zur Übereignung an einen Dritten verpflichtet, kann der Eigentümer die Aussonderung vom Insolvenzverwalter verlangen, solange die Übereignung noch nicht vollzogen ist (§§ 929 ff. BGB). Ist das Eigentum bereits auf den Dritten übergegangen (gutgläubiger Erwerb §§ 932 ff. BGB, Verbindung §§ 946 f. BGB, Vermischung § 948 BGB, Verarbeitung § 950 BGB, Kommissionsgeschäft §§ 383 ff. HGB), ist eine Aussonderung nicht mehr möglich.

Jeder Miteigentümer kann vom Insolvenzverwalter die Aussonderung, also die Herausgabe gemäß §§ 1011, 432 BGB nur an alle Miteigentümer zusammen verlangen, wenn der Insolvenzschuldner nicht selbst Miteigentümer ist. Ist der Insolvenzschuldner Miteigentümer, können die übrigen Miteigentümer die Feststellung des Miteigentumsanteils, die (Wieder-) Einräumung des Mitbesitzes oder die Auseinandersetzung gemäß § 749 BGB verlangen.

§ 84 InsO legt fest, dass die Auseinandersetzung außerhalb der Insolvenz erfolgt.

BEACHTE

Bestreitet der Insolvenzverwalter das Eigentumsrecht des Dritten, so gilt zugunsten des besitzenden Insolvenzschuldners/Insolvenzverwalters die Eigentumsvermutung des § 1006 BGB: Der Dritte muss dann sein Eigentum beweisen.

4.6.2.2 Sicherungseigentum

Es ist zu unterscheiden, in wessen Insolvenz man sich befindet. In der *Insolvenz des Sicherungsgebers* hat der Sicherungsnehmer keinen Anspruch auf Aussonderung des Sicherungseigentums, sondern er wird durch § 51 Nr. 1 InsO auf die Absonderung verwiesen.

Geht es um die *Insolvenz des Sicherungsnehmers*, so kann der Sicherungsgeber einen Anspruch auf Aussonderung des Sicherungsgutes haben. Dann muss jedoch der Sicherungszweck entfallen sein; zum Beispiel hat der Sicherungsgeber die Forderung erfüllt und ihm steht ein Rückgewähranspruch zu.

4.6.2.3 Eigentumsvorbehalt, § 449 BGB

Auch hier ist zunächst zu differenzieren, in wessen Insolvenz man sich befindet, aber auch welche Form des Eigentumsvorbehalts vorliegt.

Einfacher Eigentumsvorbehalt

Das Anwartschaftsrecht des Vorbehaltskäufers ist in der *Insolvenz des Vorbehaltsverkäufers* über § 107 InsO insolvenzfest, wenn der Vorbehaltsverkäufer vor Eröffnung des Verfahrens den Besitz an dem Vorbehaltsgut auf den Vorbehaltskäufer übertragen hat. Die Erlangung des Volleigentums hängt nur noch von der Zahlung des Kaufpreises ab und kann nicht mehr einseitig durch den Vorbehaltsverkäufer verhindert werden.

Handelt es sich um die *Insolvenz des Vorbehaltskäufers*, so kann der Insolvenzverwalter die Aussonderungsansprüche des Vorbehaltsverkäufers abwehren, indem er gemäß § 103 InsO die Vertragserfüllung wählt und den ausstehenden Kaufpreis zahlt. Nach § 107 Abs. 2 InsO muss der Insolvenzverwalter dieses Wahlrecht erst unverzüglich nach dem Berichtstermin wahrnehmen.

Der Insolvenzverwalter wird die Ausübung dieses Wahlrechts genau abwägen, insbesondere wenn auch eine Sicherungsübereignung an eine Sparkasse/Bank vorliegt, da er bei Wahl der Erfüllung lediglich vom Aussonderungsanspruch des Lieferanten auf den Absonderungsanspruch der Sparkasse/Bank wechselt. Ausschlaggebend wird sein, ob er das Unternehmen fortführen will oder nicht.

Verlängerter und erweiterter Eigentumsvorbehalt

Diese Formen des Eigentumsvorbehalts gewähren so lange ein Aussonderungsrecht, bis die Sache nicht verarbeitet oder weiterveräußert wurde. Danach gewährt es im Hinblick auf den Kaufpreisanspruch lediglich ein Absonderungsrecht. Es handelt sich um eine vergleichbare Wertung wie bei der Sicherungszession.

Die Vereinbarung eines Eigentumsvorbehalts ist nichtig, wenn der Eigentumsübergang davon abhängig ist, dass der Vorbehaltskäufer Forderungen eines Dritten, insbesondere eines mit dem Vorbehaltsverkäufer verbundenen Unternehmens erfüllt, § 449 Abs. 3 BGB.

4.6.2.4 Leasing

Hier ist zunächst keine Differenzierung zwischen Operating- und Finanzleasing vorzunehmen. Bei beiden findet nach herrschender Meinung das Mietrecht Anwendung. Zu unterscheiden ist jedoch, in wessen Insolvenz man sich befindet.

Der Leasingeber hat in der *Insolvenz des Leasingnehmers* in Bezug auf bewegliches Leasinggut ein Aussonderungsrecht, wenn der Insolvenzverwalter die Erfüllung des Vertrages gemäß § 103 Abs. 2 InsO abgelehnt hat oder das Recht zum Besitz durch Kündigung des Leasingvertrages beseitigt ist. Die finanzierende Sparkasse/Bank hat lediglich ein Absonderungsrecht, da sie lediglich Sicherungseigentümerin des Leasinggutes ist.

WICHTIG

Der Leasinggeber hat hier § 112 InsO (Kündigungssperre) zu beachten. Nach dem Antrag auf Eröffnung des Insolvenzverfahrens ist der Leasinggeber (Vermieter) nicht berechtigt zu kündigen wegen eines Verzuges mit der Leasingrate (Miete), wenn der Verzug in der Zeit vor dem Eröffnungsantrag entstanden ist. Bei Immobilien sind zusätzlich die §§ 108 und 109 InsO zu beachten.

Handelt es sich um die *Insolvenz des Leasinggebers,* besteht das Vertragsverhältnis fort, wenn der Leasinggegenstand den Voraussetzungen des § 108 InsO entspricht (vor allem Immobilien und Sachen im Rahmen von Finanzierungsleasing). Ist die refinanzierende Sparkasse/Bank des Leasinggebers Sicherungseigentümerin, so steht ihr bei Vertragsbeendigung ein Absonderungsrecht zu. Der Insolvenzverwalter kann sein Wahlrecht nach § 103 InsO ausüben und sich für Erfüllung oder Nichterfüllung entscheiden, wenn es sich um Leasingverträge handelt, die nicht von § 108 InsO erfasst sind. Entscheidet sich der Insolvenzverwalter für Erfüllung des Vertrages, hat der Leasingnehmer für die Vertragsdauer ein Recht zum Besitz. Wählt der Insolvenzverwalter die Nichterfüllung, gehört die Sache zu Masse und wird verwertet.

4.6.2.5 Factoring

Beim Factoring überträgt ein Unternehmer (Gläubiger = Klient) seine Forderungen gegen seine Abnehmer durch Global-, oder Mantelzession auf einen Factor. Wenn die Forderungen entstanden sind, zahlt der Factor den Gegenwert der Forderungen abzüglich seiner Provision an den Unternehmer und zieht die Forderungen ein. Es ist zwischen »echtem« und »unechtem« Factoring zu unterscheiden.

»Unechtes« Factoring (Darlehenscharakter steht im Vordergrund)

Das »unechte« Factoring zeichnet sich dadurch aus, dass der Factoringkunde das Risiko des Forderungsausfalls trägt. Die Gutschrift des Gegenwertes der Forderungen ist rechtlich als Kreditgeschäft zu werten. Der Factor darf die vorfinanzierte Forderung dem Klienten zurückbelasten, wenn der Debitor nicht zahlt. Die Abtretung erfolgt zur Sicherung des Kredites. Die rechtliche Würdigung und Folge entspricht der einer Sicherungszession, es besteht nur ein Absonderungsrecht.

»Echtes« Factoring (Kaufvertragscharakter steht im Vordergrund)

Beim »echten« Factoring trägt das Delkredererisiko der Factor (Forderungskäufer). Es handelt sich um einen echten Forderungskauf. Der Klient darf die Gutschrift auch bei Nichtzahlen des Debitors behalten. Der Factor ist Inhaber des Vollrechtes. In der Insolvenz des Zedenten kann er die Forderungen aussondern, die bereits abgetreten und bezahlt sind.

4.6.2.6 Rückgewähransprüche

Mit Erlöschen des Sicherungszwecks einer Grundschuld steht dem Grundstückseigentümer ein Anspruch auf Rückgewähr der Grundschuld zu. Es handelt sich um einen schuldrechtlichen Rückgewähranspruch, der dem Grundstückseigentümer in der Insolvenz des Grundpfandrechtsgläubigers ein Aussonderungsrecht gibt.

Der sich nach einem Rücktritt aus dem Rückgewährschuldverhältnis ergebende Rückgewähranspruch gemäß § 346 BGB ist nur ein Verschaffungsanspruch und stellt daher eine sonstige Insolvenzforderung gemäß § 38 InsO dar.

4.6.2.7 Geltendmachung der Aussonderung

Der Insolvenzverwalter ist nicht verpflichtet, Rechte Dritter an der von ihm in Beschlag genommenen Masse zu ermitteln. Diejenigen, die meinen, Rechte an Gegenständen oder Rechten in der Masse zu haben, müssen sich nicht nur melden, sondern ihre Rechte auch geltend machen.

Der Insolvenzverwalter ist erst dann gehalten, die Berechtigung und den Umfang von Aussonderungsrechten zu prüfen, wenn diese geltend gemacht worden sind. Hat er ermittelt, dass der Gegenstand nicht zur Insolvenzmasse gehört, ist er nicht berechtigt, diesen als Teil derselben zu behandeln. Gegenüber einem Aussonderungsberechtigten ist der Insolvenzverwalter im Rahmen der Zumutbarkeit verpflichtet, Auskunft zu erteilen und Zutritt zu den Geschäftsräumen oder Einsicht in die Geschäftsbücher zu gewähren. Gegen den Willen des Insolvenzverwalters ist derjenige, der sich eines Aussonderungsrechtes rühmt, nicht berechtigt, das Betriebsgelände zu betreten.

Weigert sich der Insolvenzverwalter, das Aussonderungsrecht anzuerkennen, so muss der Anspruch gerichtlich geltend gemacht werden. Die Klage ist gegen den Insolvenzverwalter zu erheben. Der Klageantrag richtet sich nach dem jeweiligen

Gegenstand/Recht, auf den sich das Aussonderungsrecht bezieht. Das Recht kann auch einredeweise oder im Rahmen einer Drittwiderspruchsklage (§ 771 ZPO) geltend gemacht werden. Allgemeiner Gerichtsstand ist gemäß § 19a ZPO der Sitz des Insolvenzgerichts. Ist bereits bei der Eröffnung des Insolvenzverfahrens ein Prozess über die Herausgabe des Gegenstandes anhängig, so ist dieser gemäß § 86 Abs. 1 Nr. 1 InsO mit dem Insolvenzverwalter weiter zu führen.

Der Insolvenzverwalter ist nicht verpflichtet, das Aussonderungsgut dem Berechtigten zuzuschicken; dieser muss die Sache abholen.

4.6.2.8 Ersatzaussonderung, § 48 InsO

Ist der Gegenstand, dessen Aussonderung hätte verlangt werden können, vor Eröffnung durch den Schuldner oder nach Eröffnung durch den Insolvenzverwalter unberechtigt veräußert worden, so kann der Aussonderungsberechtigte die Abtretung des Rechts auf die Gegenleistung verlangen, soweit diese noch nicht erbracht ist. Ist die Gegenleistung bereits erbracht, so kann er diese aus der Masse verlangen, soweit sie in dieser noch unterscheidbar vorhanden ist. Ist das Aussonderungsgut vor Eröffnung veräußert worden und die Gegenleistung nicht mehr unterscheidbar in der Masse vorhanden, so kommt nur noch eine Insolvenzforderung in Betracht.

Ist die Gegenleistung in Bargeld erbracht und wird sie mit anderem Bargeld vermischt, ist die Unterscheidbarkeit nicht mehr gegeben. Ebenso dürfte ein Buchungsposten nach einem Rechnungsabschluss im Kontokorrent untergegangen sein; Ausnahme, wenn es sich um ein Extrakonto für solche Beträge im Rahmen dieses Insolvenzverfahrens handelt. Zum Teil wird die Ansicht vertreten, dass eine Ersatzaussonderung solange möglich sein soll, bis die Kasse/Kontokorrentkonto einen »Bodensatz« aufweist.

Ist das Aussonderungsgut nach Verfahrenseröffnung veräußert worden und die Gegenleistung in der Masse nicht mehr unterscheidbar, so können ein Bereicherungsanspruch aus § 55 Abs. 1 Nr. 3 InsO und daneben eine persönliche Haftung des Insolvenzverwalters aus § 60 InsO gegeben sein.

4.6.3 Absonderung, §§ 49 bis 51 InsO

Entgegen den aussonderungsberechtigenden Gegenständen gehören die Absonderungsrechte zur Insolvenzmasse gemäß § 35 InsO. Sie gewähren dem Berechtigten eine vorzugsweise Befriedigung aus dem Gegenstand. Die Absonderungsrechte sind abschließend in den §§ 49–51 InsO festgelegt.

Das Absonderungsrecht entspricht der Klage auf vorzugsweise Befriedigung gemäß § 805 ZPO in der Einzelzwangsvollstreckung. Diese ist dort jedoch gegen den Vollstreckungsgläubiger zu richten, hingegen ist das Absonderungsrecht gegenüber dem Insolvenzverwalter geltend zu machen. Nachfolgend werden die wichtigsten Absonderungsrechte genannt.

4.6.3.1   Grundpfandrechte

Gläubigern, denen ein Recht auf Befriedigung aus einem Grundstück oder grundstücksgleichen Recht wegen einer Grundschuld oder Hypothek zusteht, sind berechtigt, die Verwertung des Grundstücks im Wege der Zwangsversteigerung und/oder der Zwangsverwaltung zu betreiben, § 165 InsO. Der Insolvenzverwalter hat die Möglichkeit, nach den §§ 30d ff. ZVG die einstweilige Einstellung der Zwangsversteigerung zu beantragen, wenn er das Grundstück für die Masse zur Betriebsfortführung braucht. Erfolgt die einstweilige Einstellung des Verfahrens auf Antrag des vorläufigen oder des Insolvenzverwalters, so sind für die Zeit der Einstellung gemäß § 30e ZVG die Zinsen aus der Masse zu zahlen.

Drohpotential des Insolvenzverwalters

Gegenüber den absonderungsberechtigten Grundpfandrechtsgläubigern kann der Insolvenzverwalter mit der Freigabe des Grundstücks drohen, damit er Kostenbeiträge zur Masse als Gegenleistung für die freihändige Verwertung erzielt. Die Drohung bezieht sich darauf, dass nur der Insolvenzverwalter freihändig verwerten kann und der Grundpfandrechtsgläubiger auf die zeit- und kostenintensive Zwangsversteigerung/Zwangsverwaltung verwiesen ist.

In diesem Zusammenhang ist auch § 174a ZVG zu beachten, der dem Insolvenzverwalter ermöglicht, in der Zwangsversteigerung ein abweichendes geringstes Gebot zu beantragen. Es handelt sich um die Kosten der Feststellung (4 Prozent) für das dem Hypothekenhaftungsverband nach § 1120 BGB unterliegende Zubehör.

Bei dem geringsten Gebot erhält der Insolvenzverwalter die Rangklasse nach § 10 Abs. 1 Nr. 1a ZVG. In der Regel gehen dann nur noch die Versteigerungskosten vor und alle späteren Rangklassen fallen aus. Auf diesem Weg kann der Insolvenzverwalter auch die nach § 106 Abs. 1 InsO an sich insolvenzfeste Auflassungsvormerkung eines Berechtigten zu Fall bringen.

4.6.3.2   Pfandrechte an beweglichen Sachen

Mobiliarpfandrechte kann der Pfandgläubiger außerhalb des Insolvenzverfahrens verwerten. Eine Unterscheidung zwischen Vertragspfandrechten, gesetzlichen Pfandrechten und Pfändungspfandrechten ist erforderlich.

4.6.3.3   Vertragspfandrechte

Gegenstände, an denen ein Vertragspfandrecht bestellt ist, sind zwingend vom Verwertungsrecht des Insolvenzverwalters ausgenommen. Nach § 166 InsO muss er für sein Verwertungsrecht bei Absonderungsrechten die Sache im Besitz haben. Vertragspfandrechte können nach dem BGB jedoch nur rechtswirksam bestellt werden, wenn der Pfandrechtsbesteller die Sache an den Pfandrechtsnehmer übergibt. Folglich kann die verpfändete Sache nicht im Besitz des Insolvenzverwalters sein.

4.6.3.4 Gesetzliche Pfandrechte

Hierzu zählen vor allem das Pfandrecht des Vermieters (§ 562 BGB) oder Verpächters (§ 583 BGB). Zur Entstehung dieser Pfandrechte ist es nicht erforderlich, dass der Gläubiger den Besitz erlangen muss, folglich können diese Gegenstände durch den Insolvenzverwalter verwertet werden, wenn er seinerseits die Pfandobjekte in Besitz nehmen kann.

Beim Werkunternehmerpfandrecht (§ 647 BGB), aber auch die Pfandrechte des Kommissionärs (§ 397 HGB) und des Frachtführers (§ 441 HGB) ist es wieder erforderlich, dass der Pfandgläubiger im Besitz der Sache ist. Daher können diese Pfänder auch vom Gläubiger verwertet werden.

4.6.3.5 Pfändungspfandrechte

Zu beachten ist die Rückschlagsperre gemäß § 88 InsO (siehe oben). Bei den Pfändungspfandrechten ist darauf abzustellen, ob der Gläubiger sein Pfandrecht schon vor der Insolvenz geltend gemacht und den Pfandgegenstand zur Verwertung an sich gezogen hat, oder ob sich der Pfandgegenstand noch im Gewahrsam des Schuldners (§ 808 Abs. 2 Satz 2 ZPO) befindet. Im letzteren Fall steht die Verwertung dem Insolvenzverwalter zu, da er den Besitz an der Sache ergreifen kann.

Steht dem Insolvenzverwalter die Verwertung des Pfandrechtes nicht zu gemäß § 166 InsO, erhält er auch keinen Kostenbeitrag für die Masse.

4.6.3.6 Pfandrechte an Forderungen

Forderungen, die zugunsten eines Gläubigers verpfändet worden sind, werden im Insolvenzverfahren stets vom jeweiligen Pfandgläubiger verwertet. Das Verwertungsrecht des Insolvenzverwalters beschränkt sich gemäß § 166 Abs. 2 InsO auf Sicherungsabtretungen.

4.6.3.7 Sicherungsabtretungen und Sicherungsübereignungen, § 51 Nr. 1 InsO

Wie bereits angedeutet, darf der Insolvenzverwalter eine bewegliche Sache, die er in seinem Besitz hat und an der ein Absonderungsrecht besteht, freihändig verwerten (§ 166 Abs. 1 InsO). Forderungen, die der Schuldner zur Sicherung eines Anspruchs abgetreten hat, darf der Insolvenzverwalter einziehen oder in anderer Weise verwerten (§ 166 Abs. 2 InsO).

Bei Globalzessionen ist zu beachten, dass eine Anfechtungsmöglichkeit durch den Insolvenzverwalter besteht, wenn die sicherungshalber abgetretene Forderung in den letzten drei Monaten vor Antrag auf Eröffnung des Insolvenzverfahrens entsteht.

4.6.3.8 Rechte des Absonderungsberechtigten

Der Insolvenzverwalter ist verpflichtet, den Gläubigern mit Absonderungsrechten die für deren Geltendmachung erforderlichen Auskünfte zu erteilen. Anstelle der Auskünfte kann er aber auch die Sache besichtigen bzw. Einsicht in die Bücher und Geschäftspapiere nehmen lassen.

Die absonderungsberechtigten Gläubiger sind berechtigt, an der Gläubigerversammlung teilzunehmen und dort mitzustimmen, § 74 Abs. 1 InsO. Im Gläubigerausschuss sollen die absonderungsberechtigten Gläubiger mit einem Vertreter erscheinen. Mindestens fünf absonderungsberechtigte Gläubiger können die Einberufung der Gläubigerversammlung veranlassen, wenn ihre Forderungen bzw. Absonderungsrechte mindestens ein Fünftel aller Stimmen ausmacht, § 75 Abs. 1 Nr. 3 InsO. Das Stimmrecht richtet sich grundsätzlich nach der Forderungshöhe. Haftet der Schuldner dem Absonderungsberechtigten nicht persönlich, ist der Wert des Absonderungsrechtes ausschlaggebend § 76 Abs. 2 InsO.

Bei der Verteilung der Insolvenzmasse sind die Absonderungsberechtigten in dem Umfang zu berücksichtigen, als sie auf ihr Absonderungsrecht verzichtet haben oder bei der Verwertung ausgefallen sind (§ 52 InsO).

Ist der Gläubiger selbst zur Verwertung der Sicherheiten berechtigt, z. B. bei Mobiliar- und Immobiliarpfandrechten, muss er dem Insolvenzverwalter nachweisen, dass er auf abgesonderte Befriedigung verzichtet oder bei ihr ausgefallen ist, § 190 Abs. 1 InsO, als auch in welcher Höhe. Meldet sich der Gläubiger selbst nicht, wird er bei der Verteilung im Hinblick auf seinen Ausfall nicht berücksichtigt. Es gilt die Ausschlussfrist gemäß § 189 Abs. 1 InsO.

Weder das Insolvenzgericht noch der Insolvenzverwalter sind verpflichtet, den Gläubiger darauf hinzuweisen.

BEISPIEL

Der Gläubiger meldet seine Forderung zunächst unter Hinweis auf sein Absonderungsrecht zur Tabelle an. Seine Forderung wird in die Tabelle eingestellt. Anschließend verwertet der Gläubiger sein Absonderungsrecht, jedoch verbleibt noch ein Forderungsüberhang. Diesen Betrag muss er erneut, bis spätestens im Prüfungstermin, unter Nachweis des Erlöses aus der Pfandrechtsverwertung an den Insolvenzverwalter zur Tabelle melden, sonst erhält der Gläubiger bei der Verteilung der Insolvenzmasse keine Quote und fällt vollständig mit seiner Restforderung aus.

Bei Abschlagsverteilungen muss der Gläubiger nachweisen, dass die Verwertung des Sicherungsgutes betrieben wird, und den Betrag des mutmaßlichen Ausfalles glaubhaft machen, damit er berücksichtigt wird, § 190 Abs. 2 InsO. Der auf die Ausfallforderung entfallende Anteil wird bei der Abschlagverteilung zurückbehalten und, wenn auch bei der Schlussverteilung noch keine Klarheit hinsichtlich des Ausfalls vorliegt, zugunsten der übrigen Insolvenzgläubiger frei, § 190 Abs. 2 Satz 3 InsO.

4.6.3.9 Ersatzabsonderung

Die Ersatzabsonderung ist in analoger Anwendung des § 48 InsO anerkannt und wird nicht ernsthaft bestritten. Sie besteht, wenn der Insolvenzschuldner oder auch der Insolvenzverwalter über ein Absonderungsgut unberechtigt verfügt, so dass es durch den absonderungsberechtigten Gläubiger nicht mehr ausgeübt werden kann. Die Gegenleistung muss entweder noch ausstehen oder aber in der Masse noch unterscheidbar vorhanden sein.

Hierzu gehört auch die Veräußerung von Zubehörstücken, die dem Haftungsverband der Grundpfandrechte unterliegen, § 1120 BGB.

Steht gemäß §§ 166 ff. InsO dem Insolvenzverwalter das Recht der Verwertung der Absonderungsrechte zu, kann natürlich ein Ersatzabsonderungsanspruch nicht entstehen. Dem absonderungsberechtigten Gläubiger steht in diesen Fällen gemäß § 170 Abs. 1 InsO unverzüglich der Verwertungserlös unter Abzug der Kostenbeiträge zur Insolvenzmasse zu.

4.7 Gängige Kreditsicherheiten im Überblick

Hier sollen die verschiedenen Sicherheiten nur kurz beschrieben werden. Umfassende Abhandlungen über Kreditsicherheiten sollten entsprechenden Publikationen entnommen werden. In der Regel werden einschlägige Verlagsvordrucke verwendet. Individuelle Vertragsgestaltungen sind im Vorfeld durch die jeweilige Rechtsabteilung abzusegnen.

Rechtlich sind zwei Grundformen der Kreditsicherheiten zu unterscheiden, akzessorische und nicht akzessorische. Bei akzessorischen Kreditsicherheiten ist zu beachten, dass sie an den Bestand der zu besichernden Forderung geknüpft sind, mit Erlöschen der Forderung gehen diese Sicherungsrechte unter. Wird die Forderung an einen Dritten übertragen, so gehen diese Rechte mit auf den Dritten über. Zu den akzessorischen Sicherheiten zählen die Bürgschaft, das Pfandrecht und die Hypothek.

Demgegenüber gewähren nicht akzessorische Kreditsicherheiten dem Sicherungsnehmer ein selbständiges Recht, welches durch den Sicherungszweck jedoch eine treuhänderische Bindung erfährt.

Bereits mit Beginn der Geschäftsbeziehung hat die Sparkasse/Bank mit dem Kunden bei der Kontoeröffnung die Allgemeinen Geschäftsbedingungen vereinbart. In diesen Allgemeinen Geschäftsbedingungen ist in Nr. 21 AGB-Sparkassen bzw. Nr. 14 AGB-Banken das sogenannte AGB-Pfandrecht enthalten.

Sind aus dem Vermögen des späteren Insolvenzschuldners dingliche Sicherheiten für Forderungen der Sparkasse/Bank bestellt worden, führen diese zu einem Absonderungsrecht der Sparkasse/Bank.

4.7.1 AGB-Pfandrecht

Das AGB-Pfandrecht erfasst z. B. Ansprüche aus Guthaben, auf Herausgabe von Wertpapieren, auf Auszahlung aus einem Akkreditiv, aus den Diskonterlösen sowie sonstige Ansprüche auf Herausgabe des im Rahmen der Geschäftsbeziehung Erlangten.

Durch die bei Kontoeröffnung getroffene Vereinbarung über das AGB-Pfandrecht entsteht das Pfandrecht der Sparkasse/Bank, sobald sie Besitz an der Pfandsache erhält, § 1209 BGB. Es kommt nicht auf den Zeitpunkt an, wann die Forderung entsteht, die durch das Pfandrecht besichert werden soll. Das Pfandrecht erstreckt sich auf alle bereits vorhandenen als auch die erst später in den Besitz der Sparkasse/Bank gelangenden Sachen und Rechte.

Das Pfandrecht entsteht bereits für künftige oder bedingte Forderungen schon mit Bestellung des Pfandrechts. Das AGB-Pfandrecht sichert nur Ansprüche gegen den Kunden selbst, nicht gegen Dritte.

Will der Alleingesellschafter – Geschäftsführer einer GmbH mit seinem privaten Festgeldguthaben sowohl einen eigenen »privaten« als auch einen Kredit der GmbH besichern, erstreckt sich das AG-Pfandrecht an dem Festgeldguthaben nur in Bezug auf den eigenen »privaten« Kredit des Alleingesellschafter-Geschäftsführers. Der Kredit der GmbH müsste mit einer gesonderten Verpfändungsvereinbarung besichert werden.

MERKE

Auch wenn es sich um eine Ein-Mann-GmbH handelt, sind die GmbH und der Alleingesellschafter unterschiedliche Personen (juristische und natürliche Person) und können unabhängig voneinander am Geschäftsleben teilnehmen. Der Alleingesellschafter der GmbH ist für Geschäfte, die seinen privaten Bereich betreffen, als Verbraucher zu qualifizieren.

4.7.2 Verpfändungsvereinbarung

Wie gerade dargestellt nimmt die Sparkasse/Bank eine gesonderte Verpfändungserklärung vom Kunden herein, wenn dieser nicht eigene, sondern Verbindlichkeiten einer dritten Person besichert.

Auch Vermögenswerte bei einer anderen Sparkasse/Bank können durch separate Erklärungen verpfändet werden. In diesem Fall muss der Schuldner die Sparkasse/Bank ermächtigen, die Verpfändung bei dem anderen Kreditinstitut anzuzeigen (§ 1280 BGB).

Bei Pfandrechten ist zwischen Pfandrechten an beweglichen Sachen sowie Pfandrechten an Forderungen und Rechten zu differenzieren. Typische Merkmale einer Verpfändung sind die Akzessorität, Bestimmtheit, Publizität, Priorität und die Pfandreife.

Das Pfandrecht ist **akzessorisch**, also mit der sie besichernden Forderung verbunden, d.h. ohne Forderung kein Pfandrecht. Bei einer Verpfändung verbleibt das Eigentum beim Kunden (Verpfänder), die Sparkasse/Bank wird lediglich Pfandgläubiger. Das Pfandrecht gewährt der Sparkasse/Bank lediglich ein Verwertungsrecht für den Fall, dass Pfandreife eingetreten ist. Die Akzessorität wird deutlich durch folgende Punkte:
- Das Pfandrecht haftet nur in der Höhe der Forderung.

- Bei Übertragung der Forderung auf einen Dritten folgt das Pfandrecht, eine getrennte Übertragung des Pfandrechts ist ausgeschlossen.
- Zahlt der Verpfänder, der nicht zugleich der persönliche Schuldner der Forderung ist, so geht die Forderung auf ihn über.

Die Pfandgegenstände müssen **bestimmt** sein. Die Verpfändung von Sachgesamtheiten, vergleichbar mit einer Raumsicherungsübereignung, ist nicht möglich. Es muss also an einem einzelnen bestimmten Gegenstand erfolgen. Die Verpfändung eines Wertpapierdepots ist beispielsweise jedoch möglich.

Eine weitere wesentliche Voraussetzung für ein rechtswirksam bestelltes Pfandrecht ist die **Publizität**, d. h. entweder muss die Sache körperlich an den Pfandnehmer übergeben werden oder bei Forderungen und Rechten muss eine Anzeige an den Drittschuldner durch den Eigentümer erfolgen. In der Regel lässt sich die Sparkasse/Bank mit der Bestellung des Pfandrechts eine entsprechende Anzeige durch den Verpfänder unterschreiben.

Die Verwertung setzt **Pfandreife** voraus, d. h. die zu sichernde Forderung muss fällig sein, die Verwertung muss dem Schuldner angedroht werden und fruchtlos eine ihm gesetzte Frist abgelaufen sein.

4.7.3 Zessionsverträge

Der bisherige Gläubiger (Zedent) und der neue Gläubiger = Sparkasse/Bank (Zessionar) schließen einen *Vertrag*, durch den der Zedent seine Forderung gegen einen Dritten (Drittschuldner) auf den Zessionar überträgt. Dies erfolgt in der Regel ohne Kenntnis des Drittschuldners.

Der Zessionsvertrag kann sich sowohl auf bestehende, künftige als auch bedingte und befristete Forderungen beziehen. Es können auch Rechte, insbesondere Grundpfandrechte abgetreten werden.

Grundsätzlich sind alle Forderungen abtretbar, abgesehen von den gesetzlichen Ausnahmen nach §§ 399, 400 BGB. Darüber hinaus können vertragliche Abtretungs-ausschlüsse vorliegen, die jedoch über § 354a HGB wieder erleichtert sein können. Eine Abtretung kann auch von der Zustimmung des Drittschuldners abhängen, beispielsweise § 411 BGB.

Bei Freiberuflern, vor allem Medizinern, Apothekern und Rechtsanwälten, sind Besonderheiten in den Abtretungsverträgen und bei der Verwertung wegen § 203 StGB zu beachten. Diese Personen sind Geheimnisträger. Bei der Einziehung der Forderungen sind jedoch gewisse Daten, die darunter fallen, für die Realisierung notwendig.

Bedeutung hat im Rahmen der Insolvenz die Abtretung von Bezügen gewonnen; diese Abtretung behält für die Zeit von zwei Jahren ihre Wirkung zugunsten des Zessionars.

Eine Mehrfachabtretung ist **nicht** möglich. In einem solchen Fall erwirbt lediglich derjenige die Rechte, an den zeitlich zuerst abgetreten wurde. Spätere Abtretungen sind unwirksam. **Es gibt keine Rangfolge, wie zum Beispiel bei einer Verpfändung.**

Es wird zwischen **stillen** und **offenen** Abtretungen unterschieden. Im Rahmen einer **stillen** Abtretung wird der Drittschuldner nicht sofort über die Abtretung informiert, sondern erst, wenn es zur Verwertung kommt. Bei der **offenen** Abtretung wird demgegenüber der Drittschuldner sofort informiert.

Für die Abtretung von Lohn und Gehalt wurde durch den Bundesgerichtshof entschieden, dass der Sicherungsnehmer diese Abtretung erst dem Drittschuldner anzeigen darf, wenn dem Sicherungsgeber zuvor die Offenlegung angezeigt wurde und ihm, unter Einräumung einer Frist, Gelegenheit zur Abhilfe gegeben wurde.

Weiter kann zwischen einer Einzelabtretung, Mantelabtretung und Globalzession unterschieden werden.

Bei der **Einzelabtretung** erfolgt die Abtretung einer oder mehrerer bestimmter Forderungen aus einem Geschäft.

Bei der **Mantelabtretung** handelt es sich um einen Rahmenvertrag, mit dem sich der Abtretende verpflichtet, neben den bereits bestehenden Forderungen laufend weitere Forderungen abzutreten; dies erfolgt durch die Einreichung sogenannter Zessionslisten. Da die Abtretung jeweils erst in dem Moment wirksam wird, in dem die Zessionsliste vorliegt, ist eine solche Mantelzession nicht praxisgerecht und wird von den Sparkassen/Banken in der Regel nicht als Kreditsicherheit gewählt.

Beliebtes Sicherungsmittel im gewerblichen Bereich ist die **Globalzession.** Es werden alle gegenwärtigen und künftigen Forderungen gegen einen bestimmten Kundenkreis (z. B. mit den Anfangsbuchstaben A-Z) abgetreten. Bei der Bewertung einer Globalzession wird in der Regel das nachfolgende oder ein vergleichbares Bewertungsschema angewendet.

BEISPIEL

Forderungsbestand gemäß Aufstellung des Kunden
- abzüglich pauschaler Risikoabschlag (bei Produktions-/Handelsunternehmen ca. 20–30 Prozent, bei Dienstleistungsunternehmen ca. 50–60 Prozent)
- abzüglich Forderungen, die älter als 180 Tage sind (von Verbandsprüfern habe ich Kenntnis, dass zum Teil älter als 90 Tage genommen wird)
- abzüglich notleidende Forderungen
- abzüglich- Kreditoren mit verlängertem Eigentumsvorbehalt (gibt es bei Dienstleistungsunternehmen i. d. R. nicht, so dass von Verbandsprüfern i. d. R. ein erhöhter pauschaler Risikoabschlag erwartet wird, siehe oben)
- abzüglich Forderungen von Zessionsverweigerern
- abzüglich Auslandsforderungen

= Zwischensumme
- abzüglich Haftungsrisiko UStG

- abzüglich Kosten gem. InsO (9 Prozent)
= Beleihungswert
Bleihungsgrenze = 75 Prozent vom Beleihungswert

Die Verwertung erfolgt durch Widerruf des Verfügungs- und Einziehungsrechtes des Zedenten und Offenlegung gegenüber dem/den Drittschuldnern. Die Offenlegung darf erst nach fruchtlosem Ablauf einer angemessenen Fristsetzung erfolgen (Frist eine Woche, in der Regel ein Monat).

4.7.4 Sicherungsübereignungen

Die Sicherungsübereignung ist ein Vertrag, durch den die Übertragung von Eigentum oder eines bestehenden Anwartschaftsrechts auf Eigentum an einem Sicherungsgut durch den Sicherungsgeber an den Sicherungsnehmer mit der Maßgabe, dass der Sicherungsnehmer die Sache unter bestimmten Vorraussetzungen zur Befriedigung der gesicherten Forderung verwerten darf, vereinbart wird. Die Sparkasse/Bank hat regelmäßig kein Interesse, das Sicherungsgut in unmittelbaren Besitz zu nehmen. Daher wird die an sich notwendige Übergabe (vgl. Pfandrecht an Sachen § 1205 BGB) durch eine Vereinbarung eines so genannten Besitzmittlungsverhältnisses ersetzt. Der Sicherungsnehmer erhält den mittelbaren Besitz (§ 930 BGB). Ist ein Dritter im Besitz der Sache, tritt der Sicherungsgeber seinen Herausgabeanspruch auf die Sache gegen den Dritten an den Sicherungsnehmer ab (§ 931 BGB).

Das Sicherungsgut muss dem Grundsatz der Bestimmtheit genügen. Im Zeitpunkt des Vertragsabschlusses ist dem Genüge getan, wenn für jeden objektiven Dritten allein auf der Grundlage des Vertrages klar, d. h. ohne weitere Nachforschung in Unterlagen außerhalb des Vertrages ersichtlich ist, welche Gegenstände sicherungsübereignet sind.

Das Sicherungseigentum kann durch unterschiedliche Rechte Dritter beeinträchtigt sein. Hier sind insbesondere die unterschiedlichen Formen des Eigentumsvorbehalts zu beachten, die dem Sicherungseigentum der Sparkasse/Bank vorgehen. Insoweit erwirbt die Sparkasse/Bank lediglich das Anwartschaftsrecht auf Eigentum.

Die Bewertung bei Sicherungsübereignung mit wechselndem Bestand (Raumsicherungsübereignung) erfolgt in der Regel nach folgendem oder einem vergleichbaren Bewertungsschema.

Bestand gemäß Aufstellung des Kunden
- abzüglich pauschaler Risikoabschlag (20–40 Prozent je nach Handelbarkeit der Ware)
- abzüglich Verbindlichkeiten aus Lieferung und Leistung
- abzüglich Akzeptverbindlichkeiten
- abzüglich Anzahlungen

- abzüglich Warenlieferungen von verbundenen Unternehmen
- abzüglich nicht verwertbare Vorräte

= Zwischensumme
- abzüglich Kosten gem. InsO (9 Prozent)

= Beleihungswert

Beleihungsgrenze = 66 2/3 des Beleihungswertes

Neben dieser Beeinträchtigung, die vor allem im gewerblichen Bereich zu berücksichtigen ist, können sich das Vermieterpfandrecht und Grundpfandrechte im Rahmen des Haftungsverbundes störend auf das Sicherungsrecht auswirken.

Das **Vermieterpfandrecht** besteht an allen eingebrachten Sachen des Mieters. Folgende Grundsätze sind für das Entstehen und den Bestand des Vermieterpfandrechts zu beachten:

- Die Sache wird in die gemieteten Räume eingebracht.
- Bei der Sache handelt es sich um Eigentum oder es besteht ein Anwartschaftsrecht des Mieters auf Eigentum an der Sache.
- Das Entfernen der Sache führt grundsätzlich zu einer Enthaftung aus dem Vermieterpfandrecht, es sei denn, der Vermieter hat dem Entfernen widersprochen.

Die Verwertung kann durch freihändigen Verkauf oder Versteigerung erfolgen, wenn der Sicherungsnehmer im Besitz der Sache ist. Ist die Sache noch im Besitz des Schuldners, so muss erst die Herausgabe erlangt werden, gegebenenfalls unter Einschaltung gerichtlicher Hilfe.

4.7.5 Grundpfandrechte

Grundpfandrechte geben dem Gläubiger nur das Recht zur Verwertung des belasteten Grundstücks, der Grundstückseigentümer muss die Zwangsvollstreckung in das Grundstück dulden. In der Regel hat sich der Grundstückseigentümer gemäß § 800 ZPO der sofortigen Zwangsvollstreckung in sein Grundstück unterworfen. Hat er das nicht, hält der Sicherungsnehmer noch keinen vollstreckbaren Titel gegen den Eigentümer in den Händen. Er muss dann zunächst gegen den Eigentümer auf Duldung der Zwangsvollstreckung gemäß § 1147 BGB klagen.

Ist der Grundstückseigentümer mit dem Kreditnehmer identisch, so wird in der Regel gleichzeitig ein persönlicher Titel in der Weise beurkundet, dass der Grundschuldbesteller in Höhe des Grundschuldbetrages die persönliche Haftung anerkennt und sich der sofortigen Zwangsvollstreckung in sein sonstiges Vermögen unterwirft.

Die Grundschuld erstreckt sich nicht nur auf das Grundstück sondern kraft Gesetzes auch auf bewegliche Sachen, soweit sie Bestandteil oder Zubehör des belasteten Grundstücks sind, §§ 1120 ff. BGB. Ebenso gehören zum Haftungsverband Forderungen, die dem Gegenwert von Substanz (z. B. Versicherungsforderungen) oder Nutzungen (z. B. Miete und Pacht) des Grundstücks entsprechen, §§ 1123 ff. BGB.

Das Kapital der Grundschuld wird gemäß § 1193 Abs. 1 BGB erst ab Kündigung der Grundschuld fällig. Die Verwertung erfolgt durch Zwangsversteigerung und/oder Zwangsverwaltung.

Aus abgetretenen Grundschulden kann nur vollstreckt werden, wenn der Abtretungsempfänger auch nachweisbar in den alten Sicherungszweckvertrag eingestiegen ist. Inzwischen haben sich auch die Notarkammern per Gutachten zu diesem Thema geäußert und sehen auch übliche Abtretungen bei Ablösungen von Darlehen als betroffen an, wenn Grundschulden übertragen werden, die vor dem 20.08.2008 bestellt wurden (Altfälle). Ab diesem Datum gelten die Vorgaben des §1192, Abs. 1a BGB. Bei der Ablösung von Altfällen werden üblicherweise vom Kunden neue Zweckerklärungen eingeholt, damit ein wirksamer, mit dem Kunden abgestimmter Sicherungsvertrag vorliegt. Damit der Notar aber zukünftig in diesen Fällen die Zwangsvollstreckungsklausel vom bisherigen Gläubiger auf den neuen Gläubiger umschreiben kann, müssen die Unterschriften auf der Zweckerklärung notariell beglaubigt sein. Gibt es Altfälle, wovon in allen Häusern auszugehen ist, in denen zwar eine eigene Zweckerklärung vorliegt, diese aber nur nicht notariell beglaubigte Unterschriften aufweist, und die Zwangsvollstreckungsklausel noch nicht umgeschrieben ist, sollte die Umschreibung auf Sicht erfolgen, bevor der Kunde irgendwann in der Krise an einer Umschreibung nicht mehr mitwirkt. In diesem Falle wäre dann wahrscheinlich eine teure Duldungsklage erforderlich.

Wurde die Unterwerfung des Schuldners unter die sofortige Zwangsvollstreckung aus der Urkunde von einem Vertreter erklärt, ist die Zwangsvollstreckung nur zulässig, wenn die Vollmacht des Vertreters oder bei vollmachtlosem Handeln die Genehmigung durch den Vertretenen durch öffentlich oder öffentlich beglaubigte Urkunden dem Schuldner zugestellt worden sind oder mit Beginn der Vollstreckung zugestellt werden.

Es ist empfehlenswert, dass bereits in der Kreditsachbearbeitung und Kreditkontrolle diese Formalien beachtet werden aber auch auf die Eigentumsumschreibungen und Titelumschreibungen geachtet wird. Insbesondere im Zeitpunkt der Kreditvergabe sollte der Schuldner noch willens und in der Lage sein, an diesen Vorgängen mitzuwirken. Neben der üblichen Bewertung des Grundpfandrechts sollten auch die Rangverhältnisse in einer Zwangsversteigerung beachtet werden; diese können erhebliche Auswirkungen auf die Verteilung des Versteigerungserlöses haben. Eine Übersicht der Rangklassen ist im Kapitel 1.3.3.1 dargestellt.

Rangklasse 1:
Ein Vorrecht gilt für Ansprüche eines Gläubigers, der die Zwangsverwaltung betreibt, für die Ausgaben zur Erhaltung oder Verbesserung des Grundstücks. Hierunter fallen Ausgaben für notwendige Gebäudereparaturen, Umbauarbeiten, die Vollendung des Baus, Vorschüsse zur Bezahlung von Versicherungen, Vergütung und Auslagen des Zwangsverwalters etc. Diese Ansprüche sind nicht aus dem Grundbuch ersichtlich.

Rangklasse 1a:
Im Insolvenzverfahren des Schuldners die Kosten der Feststellung der beweglichen Gegenstände, auf die sich die Zwangsversteigerung auch bezieht. Insoweit sollen auch absonderungsberechtigte Gläubiger einen Beitrag leisten. Die Kosten der Feststellung werden vom Versteigerungserlös abgezogen und fallen in die Insolvenzmasse. Diese Ansprüche sind nicht aus dem Grundbuch ersichtlich.

Rangklasse 2:
Bei der Vollstreckung in Wohneigentum sind die Ansprüche der anderen Wohnungseigentümer auf Zahlung der Lasten und Kosten des gemeinschaftlichen Eigentums oder des Sondereigentums zu berücksichtigen. Dieses Recht soll den anderen Wohnungseigentümern zugutekommen, für nicht eintreibbare Hausgelder. Betragsmäßig sind diese Rechte auf 5 Prozent des festgestellten Verkehrswertes begrenzt. Diese Ansprüche sind nicht aus dem Grundbuch ersichtlich.

Rangklasse 3:
Hierunter fallen öffentliche Lasten, zum Beispiel:
- Erschließungsbeiträge
- Flurbereinigungsbeiträge
- Grundsteuern
- Kommunalabgaben
- Naturschutz
- städtebauliche Sanierungsmaßnahmen
- Schornsteinfegergebühren
- Wasser und Bodenverbandsbeträge

Diese Ansprüche sind nicht aus dem Grundbuch ersichtlich.

Nicht unter die öffentlichen Lasten fallen dagegen:
- Gas- und Stromkosten
- Betriebssteuern
- Krankenkassenbeiträge
- Sozialversicherungsbeiträge
- persönliche Steuern des Eigentümers

Da die Sparkasse/Bank in der Regel aus den Rangklassen 4 und/oder 5 betreibt, kann auf die Einzelheiten zu den folgenden Rangklassen verzichtet werden.

4.7.6 Bürgschaft

Zur Bürgschaft gibt es zahlreiche Rechtssprechungshinweise wie sie, von wem sie und vor allem in welchem Umfang sie übernommen werden kann, damit sie auch tatsächlich als wirksame Kreditsicherheit dient. Nähere Ausführungen zu diesem Thema erfolgen hier nicht, da sie zu den Grundkenntnissen einer Mitarbeiterin oder eines Mitarbeiters im Kreditbereich gehören.

In der Insolvenz des Bürgen kann der Bürgschaftsbetrag, soweit er fällig ist, nur als Insolvenzforderung geltend gemacht werden. Ein Absonderungsrecht besteht *nicht*.

In der Insolvenz des Hauptschuldners kann die Bürgschaft als klassische Drittsicherheit außerhalb des Insolvenzverfahrens gegen den Bürgen geltend gemacht werden.

An Bedeutung hat die Bürgschaft durch die Insolvenzordnung gewonnen, wenn sich der sowieso schon persönlich haftende Gesellschafter (einer KG, oHG, KGaA) für die Verbindlichkeiten der Gesellschaft verbürgt. In der Insolvenz der Gesellschaft kann die persönliche Haftung des Gesellschafters gemäß § 93 InsO nur von dem Insolvenzverwalter geltend gemacht werden. Der Gläubiger mit der zusätzlichen Bürgschaft kann aber selbst aus der Bürgschaft gegen den Gesellschafter vorgehen und aus diesem Recht nach Titulierung die Einzelzwangsvollstreckung betreiben.

Diese Stelle scheint auch der richtige Ort zu einer Entscheidung des BGH vom 11.12.2008 (IX ZR 156/07) sowie zu § 44a InsO, um ein paar Worte darüber zu verlieren.

Nach dem zitierten BGH-Urteil sind die Forderungen eines durch Drittsicherheiten aus dem Gesellschafterkreis der Schuldnerin gesicherten Insolvenzgläubigers so lange mit dem vollen Betrag zu berücksichtigen, wie die Zahlungen aus diesen Sicherheiten nicht zur vollen Befriedigung des Gläubigers geführt haben. Dies gilt zumindest für Abschlagsverteilungen.

In § 44a InsO wurde der Gedanke der eigenkapitalersetzenden Bürgschaft wieder aufgegriffen. Hat ein Gesellschafter für Verbindlichkeiten der GmbH eine Sicherheit gestellt oder sich verbürgt, kann der Gläubiger im Insolvenzverfahren nach Maßgabe des § 39 Abs. 1 Nr. 5 InsO für eine Forderung auf Rückgewähr eines Darlehens nur anteilsmäßige Befriedigung aus der Insolvenzmasse verlangen, soweit er bei der Inanspruchnahme der Sicherheit oder des Bürgen ausgefallen ist.

4.8 Sicherheiten-Poolverträge

Hat eine Gesellschaft mehrere Sparkassen/Banken als Gläubiger, so vereinbaren diese untereinander, aber auch unter Beteiligung der Gesellschaft, einen Sicherheiten-Pool. Hierbei schließen sich die am Pool beteiligten Sparkassen/Banken in einer Gesellschaft bürgerlichen Rechts zusammen. Die den Gläubigern zur Verfügung stehenden Sicherheiten werden gebündelt.

Akzessorische Sicherheiten wie Bürgschaften, Hypotheken und Pfandrechte werden/bleiben für jeden einzelnen am Pool beteiligten Kreditgeber zur Besicherung dessen eigener Forderungen bestellt, da sie von der zugrunde liegenden Forderung nicht getrennt werden können. Nicht akzessorische Sicherheiten werden/wurden in der Regel für den Poolführer bestellt, der diese Sicherheiten treuhänderisch für die übrigen Poolbeteiligten verwaltet.

Durch das Urteil (IX ZR 181/03) aufgeschreckt wurde die Rechtssicherheit von durch Poolverträgen bestellten Sicherheiten in Frage gestellt. In dem Urteil ging es darum, dass eine Globalzession lediglich dinglich für die Poolführerin bestellt wurde und diese die Globalzession »treuhänderisch« für die anderen Poolbanken mithielt. Im weiteren Verlauf ging eine Zahlung, die der Globalzession unterlag, bei einer anderen Poolbank ein und musste im Fortgang an den Insolvenzverwalter ausgekehrt werden. Die rein schuldrechtliche Vereinbarung genügte dem BGH nicht, ein Absonderungsrecht zu gewähren. Vielmehr muss die Sicherheit auch dinglich für die andere Bank bestellt sein. Diese Rechtsprechung könnte über die Globalzession hinaus auch auf andere Sicherheiten übertragbar sein und führte so zur Unsicherheit unter den Kreditinstituten.

Im Nachgang zu dieser Rechtsprechung wurden verschiedene Lösungswege erörtert.

Eine Gesamtgläubigerschaft im Sinne des § 428 BGB aller Poolbanken an allen Forderungen lässt sich durch Abtretung an alle übrigen Poolbanken nachträglich nicht begründen. Dies müsste nach einem BGH-Urteil vom 05.03.1975 – VII ZR 97/73 – BGHZ 64, 67 zuletzt bestätigt durch BGH, WM 2005, 1432 ff., mit jedem einzelnen Drittschuldner vereinbart werden, da es sich um einen Vertrag zulasten Dritter handelt.

Eine Abtretung an alle Poolbanken in ihrer gesamttreuhänderischen Verbundenheit führt dazu, dass die GbRs (die Poolbanken) als Gläubiger anzusehen wären und auch damit die Identität zwischen Sicherungsnehmer und Gläubiger fehlen würde. Insoweit würde der Zahlungseingang bei einer Poolbank und die dingliche Berechtigung, die bei den Poolbanken als GbR liegt, auseinander fallen.

Eine Abtretung an alle Poolbanken als Mitgläubiger gemäß §§ 432, 741 BGB in Bruchteilsgemeinschaft hätte zur Folge, dass der Drittschuldner nur noch an alle Gläubiger gemeinsam leisten kann. Jeder Poolpartner hätte das Recht zur Geltendmachung der gemeinschaftlichen Forderung. Allerdings würde jede Poolbank dann nur den ihr nach dem Poolvertrag zustehenden Bruchteil erwerben. Zu bedenken ist jedoch, dass, wenn nun Gelder einer globalzedierten Forderung bei einer Poolbank eingehen, sich die dingliche Berechtigung dieser Poolbank nur auf ihren Bruchteil bezieht. Nur in Höhe dieses Bruchteils würde im Wege der Surrogation das AGB-Pfandrecht entstehen. Der darüber hinausgehende Betrag wäre an die Insolvenzmasse herauszugeben.

Eine Vereinbarung im Poolvertrag, dass der Schuldner die der Zession unterliegenden Forderungen nur über sein Konto bei derjenigen Poolbank einziehen darf, die Inhaberin der Globalzession ist, wäre möglich. Allerdings würde eine solche Zahlstellenklausel dazu führen, dass die Zahlungseingänge, die aufgrund der Globalzession erfolgen, zu einer Rückführung des Kontokorrentkredites führen, so dass die im Rahmen des verlängerten Eigentumsvorbehalts abgetretenen Forderungen durch Erfüllung erlöschen. Das könnte als Umgehung der Rechte von Vorbehaltslieferanten zu werten sein. Darüber hinaus könnte es sich um eine problematische Einschränkung der Entscheidungsfreiheit des Schuldners handeln.

Als Lösungsalternative bietet sich die Möglichkeit, dass im Poolvertrag eine Abtretung der Ansprüche auf und aus Gutschrift gegen die anderen Sparkassen/Banken zugunsten der die Globalzession haltenden (i. d. R. die Poolführerin) Sparkasse/Bank erfolgt.

FORMULIERUNGSBEISPIEL

»Die Firma tritt hiermit ihre Ansprüche auf und aus Gutschrift gegen die übrigen Sparkassen/Banken sicherungshalber an die Poolführerin ab, soweit es sich um Gutschriften aus Zahlungseingängen auf Forderungen handelt, die der Poolführerin aufgrund der Globalzession abgetreten sind. Die Poolführerin nimmt die Abtretung an. Für die Dauer dieses Poolvertrages werden die anderen Sparkassen/Banken die nach ihren jeweiligen Allgemeinen Geschäftsbedingungen bestehenden Pfand- und Sicherungsrechte nicht geltend machen.«

Durch diese Formulierung dürfte es sich dann bei den Zahlungseingängen bei den anderen Instituten lediglich um einen anfechtungsfesten Sicherheitentausch handeln. Zunächst unterlag die Forderung der Globalzession zugunsten der Poolführerin und ist nahtlos in diese Abtretung getauscht worden.

Ergänzend und zur Absicherung üblicher Saldenausgleichsklauseln in Poolverträgen, sollte der Schuldner seine gegenwärtigen und künftigen Forderungen auf und aus Gutschrift von Zahlungseingängen sowie auf Auszahlung von Guthaben gegen jede der am Pool beteiligten Sparkassen/Banken zugunsten der jeweils anderen Sparkassen/Banken verpfänden. Mit Zahlung eines Drittschuldners, egal auf welches Konto einer der beteiligten Sparkassen/Banken, würde die globalzedierte Forderung erlöschen. An diese Stelle tritt der Anspruch des Schuldners gegen die Sparkasse/Bank auf Erteilung der Gutschrift. Im gleichen Moment erwerben die anderen Sparkassen/Banken ein Pfandrecht an dem neuen Anspruch gegen die Sparkasse/Bank. Dieser Vorgang müsste ebenfalls als Austausch gleichwertiger Sicherheiten zu werten sein, der auch andere Gläubiger nicht benachteiligt. Um eine Kollision zwischen dem entstandenen Pfandrecht und dem AGB-Pfandrecht der übrigen Sparkassen/Banken zu vermeiden, müssten diese mit ihrem AGB-Pfandrecht hinter das jeweilige Pfandrecht zurücktreten. Gemäß § 1280 BGB muss der Schuldner die Verpfändung jeder beteiligten Poolbank anzeigen. Diese Anzeige sollte außerhalb des Poolvertrages in einem gesonderten Schreiben durch den Schuldner erfolgen. Alternativ kann die Verpfändung jedoch auch gleichrangig und gleichzeitig zugunsten aller beteiligten Banken erfolgen.

FORMULIERUNGSBEISPIEL

»Die Firma verpfändet jeder Sparkasse/Bank gleichrangig und gleichzeitig sämtliche Forderungen auf Auszahlung von Guthaben, die ihr aus ihren bei den jeweiligen Sparkassen/Banken jeweils geführten Konten gegenwärtig und zukünftig gegen die jeweils kontoführende Sparkasse/Bank zustehen. Die Verpfändungen erfolgen entsprechend dem in diesem Poolvertrag vereinbarten Sicherungszweck, zur Absicherung der dort genannten Ansprüche. Die hiermit bestellten Pfandrechte gehen den zugunsten der jeweils kontoführenden Sparkasse/

Bank aufgrund ihrer Allgemeinen Geschäftsbedingungen bestellten Pfand- und Sicherungsrechten im Range nach.
Die Firma als Verpfänder zeigt hiermit die vorgenannte Verpfändung jeder Sparkasse/Bank gemäß § 1280 BGB an.
Die Sparkassen/Banken sind befugt, die Firma bis zum Verwertungsfall mit befreiender Wirkung über das Konto verfügen zu lassen. Der jederzeit zulässige Widerruf ist von der Poolführerin an die jeweils kontoführende Sparkasse/Bank zu richten.«

Nunmehr liegt das BGH-Urteil IX ZR 255/06 vom 21.Februar 2008 vor. Dies lässt die vorgenannte Entscheidung in einem anderen Licht erscheinen und gewährt aus meiner Sicht nunmehr doch wieder Rechtssicherheit für bestehende Poolverträge, wobei sich die Betrachtung für die Globalzession nicht ändert. In diesem Urteil wurde ein Grundpfandrecht, das für eine Sparkasse bestellt war (mit weiter Zweckerklärung) im weiteren Verlauf der Geschäftsbeziehung lediglich über die Zweckerklärung auf Darlehen eines Dritten erstreckt. Hierbei handelt es sich lediglich um eine schuldrechtliche (treuhänderische) Vereinbarung. Das Grundpfandrecht wurde erst nach Insolvenzeröffnung an den Dritten abgetreten. Die Einbeziehung der Darlehensforderung des Dritten in die Zweckerklärung sieht der BGH als rechtlich möglich an. Diese Einbeziehung setzte insbesondere nicht voraus, dass zwischen dem Grundpfandrechtsgläubiger und dem begünstigten Dritten ein wirksamer Treuhandvertrag abgeschlossen wird; bereits jeder Vertrag über die Bestellung einer nicht akzessorischen fiduziarischen Sicherheit, auch ohne ausdrückliche Vereinbarung, begründe ein Treuhandverhältnis. Wichtig ist, dass die Einbeziehung des Dritten in die Zweckerklärung (Treuhandabrede) in unverdächtiger Zeit vorgenommen werde und keine objektive Gläubigerbenachteiligung entstehe. Diese dürfte regelmäßig zu verneinen sein, wenn die Erweiterung der Zweckerklärung Zug um Zug gegen die Auszahlung des Drittdarlehens erfolgt. Die Grundschuld sicherte voll umfänglich die Forderungen der Sparkasse und die des Dritten.

In dem Urteil weist der BGH darauf hin, dass sich aus dem ersten BGH-Urteil nichts anderes ergebe. Der BGH hebt ausdrücklich hervor, dass dem vorhergehenden Urteil nicht der allgemeine Rechtssatz entnommen und, dass aus einer treuhänderischen Verwaltung eines Sicherungsgutes kein eigenes Recht auf abgesonderte Befriedigung hergeleitet werden könne. Die Besonderheit des ersten BGH-Urteils habe darin bestanden, dass die zur Sicherheit abgetretene Forderung des Schuldners gegen den Drittschuldner mit dessen Zahlung an die Anfechtungsgegnerin erloschen war. Im jetzigen Urteil läge der Sachverhalt anders, das Sicherungsrecht sei nicht untergegangen, es habe vielmehr auch in Ansehung des Drittdarlehens Bestand.

Im Ergebnis dürfte der BGH damit Sicherheitenpoolverträge auch zugunsten der treuhänderisch an den Sicherheiten berechtigten Poolbanken akzeptieren. Der Treuhänder könne also nicht lediglich in der Höhe seiner persönlichen Forderung abgesonderte Befriedigung verlangen. Soweit die Sicherungsrechte im Verwertungsfall bei Insolvenz noch bestehen, ist also eine Zuteilung zugunsten dieser treuhänderisch Berechtigten möglich.

Der Sicherheiten-Pool bedarf der Mitwirkung des gemeinsamen Schuldners und von Drittsicherungsgebern, da sich eine Ausweitung des Sicherungszweckes auf die Forderungen aller beteiligten Sparkassen/Banken ergibt. Bei Ausweitung des Sicherungszwecks ist immer das Anfechtungsrisiko durch einen möglichen Insolvenzverwalter zu berücksichtigen.

Zweck solcher Poolverträge ist es, in der Krise einer Gesellschaft eine mögliche Insolvenz zu vermeiden, die durch Unstimmigkeiten und nicht koordiniertes Vorgehen der Gläubiger entstehen kann.

Merkmale eines Sicherheiten-Poolvertrages (exemplarisch)
- Die bestehenden Kreditlinien werden festgeschrieben – die Sparkassen/Banken verpflichten sich untereinander, die Kreditlinien nur im Einvernehmen zu kürzen oder zu streichen.
- Teilweise wird die Gewährung von neuen Krediten vereinbart.
- Möglichst alle Sicherheiten werden in den Pool eingebracht.
- Es kann eine Saldenausgleichsklausel Bestandteil sein, die die gleichmäßige Inanspruchnahme sichert.

Problem

Wenn bei einer Bank Guthaben besteht, kann eine Anfechtung durch den Insolvenzverwalter nach Saldenausgleich und anschließender Verrechnung des Guthabens möglich sein.
- Es wird eine Verständigung über den Zeitpunkt und die Art und Weise der Verwertung getroffen.
- Der Sicherungszweck der nicht akzessorischen Sicherheiten wird auf alle eingebrachten Kreditforderungen erweitert.
- Es werden Kündigungsvereinbarungen hinsichtlich der Kredite und des Poolvertrages getroffen.

Zu beachten ist in Sicherheiten-Poolverträgen, ob es zur Nachbesicherung gekommen ist, die durch den Insolvenzverwalter anfechtbar ist.

Unter Nachbesicherung ist die Erweiterung der Haftung von bestehenden Sicherheiten auf die Verbindlichkeiten der übrigen Poolbanken oder auch auf neue Kredite zu verstehen.

Bestehende Sicherheiten dürfen nicht durch eine Nachbesicherung infiziert werden. Daher müssen Nachbesicherungen als nachrangige Haftung vereinbart werden, während die Sicherheiten vorrangig für Altforderungen haften.

MERKE

Neue Sicherheiten nur für neue Kredite! Eventuell muss man eine Vereinbarung vorsehen, dass die neue Sicherheit nachrangig auch für alte Kredite haftet.
Alte Sicherheiten nicht auf andere Poolteilnehmer ausweiten! Eventuell muss man die alten Sicherheiten nachrangig für die Forderungen der übrigen Poolteilnehmer haften lassen.

Diese Merksätze erscheinen widersprüchlich zu dem zuvor Ausgeführten, sollen aber im Wesentlichen die Problematik bei der Gestaltung von Poolverträgen vor Augen führen. Es besteht die Gefahr, gute Sicherheiten einer möglichen Anfechtung durch den Insolvenzverwalter auszusetzen.

Als gute Alternative zum Poolvertrag bieten sich Konsortialkredite bzw. Unterbeteiligungen an bestehenden und/oder neuen Krediten an. Dies kann in Form eines offenen oder verdeckten Konsortiums erfolgen. Gegenüber dem Kreditnehmer besteht im Außenverhältnis lediglich die Kreditbeziehung zu einer bestimmten Sparkasse/Bank, die auch die Kreditsicherheiten erhält. Im Innenverhältnis wird zwischen den Sparkassen/Banken eine »Haftungsfreistellung« vereinbart. Diese kann in Form einer quotalen Barbeteiligung oder einer quotalen Bürgschaft erfolgen.

4.9 Unwirksamkeit, Anfechtbarkeit und fehlende Sicherheit

Für den Insolvenzverwalter ist es eine Genugtuung, die Sparkasse/Bank, die sich beim insolventen Schuldner engagiert hat, mit ihren Forderungen auf die Insolvenzquote zu verweisen und Sicherheiten, die ihr ein Absonderungsrecht gewähren, zur Masse zu ziehen. Er ist auch dazu verpflichtet, damit er sich nicht persönlich Schadensersatzansprüchen anderer Gläubiger aussetzt, die Sicherheitenverträge eingehend auf ihre zivilrechtliche Wirksamkeit und vielleicht insolvenzrechtliche Anfechtbarkeit prüfen.

4.10 Verwertung der Sicherheiten

Vor Eröffnung des Insolvenzverfahrens ist grundsätzlich die Sparkasse/Bank berechtigt, die ihr gestellten Sicherheiten zu verwerten, wenn die Voraussetzungen erfüllt sind:
- Fälligkeit der Forderung
- Die Verwertung ist unter Fristsetzung angedroht worden und die Frist ist fruchtlos verstrichen.
- Bei der Verwertung der Grundschulden ist neben der Fälligstellung der Forderung auch die Fälligstellung durch Kündigung der Grundschuld notwendig (§ 1193 BGB).
- Vertragspfandrechte können im Rahmen einer öffentlichen Versteigerung oder wenn es einen Börsen-/Marktpreis gibt auch freihändig verkauft werden.

Besteht das Pfandrecht an Forderungen, ist die Sparkasse/Bank berechtigt, die Forderung einzuziehen (§ 1282 BGB).
- Bei Zessionen wird diese gegenüber dem/den Drittschuldnern offen gelegt und die Einziehungsbefugnis des Schuldners widerrufen.
- Bei Sicherungsübereignungen wird die Nutzungsermächtigung oder auch die Veräußerungsbefugnis widerrufen.

Bereits im Eröffnungsverfahren kann die Sparkasse/Bank, wie oben beschrieben, Beschränkungen unterworfen sein, die dann im Einzelnen zu klären sind.

Insbesondere abgetretene Lebensversicherungen sollten möglichst frühzeitig, ggf. noch in der Kreditabteilung verwertet werden. Durch frühzeitige Verwertung können Kostenbeiträge zur Insolvenzmasse vermieden, zumindest eingeschränkt werden.

4.11 Was ist erlaubt in der Krise des Kunden?

Stillhalten – Kündigen – Sanieren

Die Sparkassen/Banken sind nicht verpflichtet, sich an Sanierungsmaßnahmen ihrer Kunden zu beteiligen. Sie können in der Krise ihres Kunden stillhalten, d. h. keine Initiative ergreifen und einfach abwarten. Nicht ausgeschöpfte Kreditlinien können in der Folgezeit in Anspruch genommen werden, ohne dass dies für die Sparkasse/Bank den Vorwurf der Sittenwidrigkeit oder Insolvenzverschleppung auslösen würde.

Ein Stillhalten kommt in der Regel nur infrage, wenn genügend Kreditsicherheiten die Kreditforderungen abdecken oder wenn noch nicht genügend Informationen für die Entscheidung vorliegen, ob die Kündigung und Verwertung erfolgen soll oder ob eine Sanierungsbegleitung der zu beschreitende Weg sein soll. Stillhalten ist gekennzeichnet durch:
- Es wird keine Kündigung ausgesprochen.
- Kreditlinien werden weiter offen gehalten.
- Es wird keine Zwangsvollstreckungsmaßnahme ergriffen.

Da die Sparkasse/Bank nicht verpflichtet ist, Kredite fällig zu stellen und so den Kunden in ein Insolvenzverfahren zu zwingen, sind damit in der Regel keine rechtlichen Risiken für die Sparkasse/Bank verbunden. Es gibt keine Pflicht der Sparkasse/Bank, selbst den Antrag auf Eröffnung des Insolvenzverfahrens über das Vermögen ihres Kunden zu beantragen. Eine Schadensersatzpflicht aus § 826 BGB ist nicht gegeben.

Wählt die Sparkasse/Bank dagegen das Stillhalten, um sich in dieser Zeit gegenüber anderen Gläubigern eine bessere Position zu verschaffen, so kann eine sittenwidrige Schädigung vorliegen.

4.11.1 Zahlungseingänge auf dem Konto

Erfolgen in der Krise des Unternehmens noch Gutschriften auf dem debitorischen Konto, können diese Zahlungseingänge der Insolvenzanfechtung durch den Insolvenzverwalter ausgesetzt sein (vgl. »Zahlungsverkehr in der Insolvenz«). Entstehende Guthaben müssen in der Regel ausgekehrt werden.

4.11.2 Hereinnahme neuer Sicherheiten

Die AGB der Sparkassen/Banken enthalten eine Klausel, die sie ermächtigt, weitere Sicherheiten vom Kunden zu verlangen, wenn dieser in die Krise gerät. Darüber hinaus steht ihnen ein AGB-Pfandrecht an den Zahlungseingängen zu (vgl. »Kreditsicherheiten in der Insolvenz«).

Die Vereinbarung neuer Sicherheiten (Nachbesicherung) in der Krise des Kunden ist eine diffizile Angelegenheit.

BEISPIELE FÜR INKONGRUENTE DECKUNGEN
- Nachbesicherung aufgrund von AGB
- AGB-Pfandrecht an Zahlungseingängen in den letzten drei Monaten vor Insolvenzantrag
- Erlangung eines Pfändungspfandrechtes im anfechtungsrelevanten Zeitraum
- Bei Sicherheiten-Poolverträgen erfolgt die Ausweitung des ursprünglichen Sicherungszwecks auf alle bestehenden und künftigen Forderungen der beteiligten Sparkassen/Banken
- Zahlungseingänge auf einem debitorischen Kontokorrentkonto mit noch offener Kreditlinie

Die Hereinnahme weiterer Sicherheiten kann zu Schadensersatzverpflichtungen gegenüber anderen Gläubigern des Gemeinschuldners führen.

Bei Verwendung der einschlägigen Verlagsvordrucke dürfte das Risiko einer sittenwidrigen Übersicherung im Allgemeinen nicht bestehen, da die von der Rechtssprechung geforderten Freigabeklauseln eingearbeitet sind. Im Übrigen hält die Sparkasse/Bank die Sicherheiten treuhänderisch und ist dem Schuldner zur Freigabe als auch zur Rückgabe verpflichtet, soweit sie die Sicherheiten nicht mehr benötigt.

4.11.3 Kreditprolongation, interne Umschuldung und Tilgungsaussetzung

Prolongation

Es ist zu differenzieren, ob es sich um das »Stehenlassen«, also Nichteinfordern eines Darlehens oder ob es sich um eine Neugewährung eines Darlehens handelt. Ersteres ist unproblematisch, die Neugewährung kann eine Haftung wegen sittenwidriger Insolvenzverschleppung auslösen.

Umschuldung

Die Umschuldung eines Kontokorrentkredites in ein Darlehen stellt kein Problem dar. Probleme können aber im Zusammenhang mit den gestellten Sicherheiten entstehen. Die Zweckerklärungen müssen entsprechend geändert werden. Bei bestehenden Sicherheiten sollte erkennbar sein, dass lediglich eine Umbenennung der Forderung erfolgt ist, es sich aber nicht um eine Ausweitung/Änderung des Sicherungszweckes handelt.

Tilgungsaussetzung

Bei einer Tilgungsaussetzung ist zu beachten, dass es sich tatsächlich nur um eine Stundung handelt und sich keine Änderung im Hinblick auf die Fälligkeit der Forderung ergibt. Bei falscher Ausgestaltung kann die Fälligkeit entfallen und somit auch der Insolvenzgrund der Zahlungsunfähigkeit.

Kündigung der/des Kredite/s

In § 489 BGB ist die ordentliche Kündigung geregelt. Die ordentliche Kündigung ist notwendig, wenn für die Rückzahlung des Darlehens eine zeitliche Vereinbarung nicht getroffen worden ist.

Die Sparkasse/Bank hat nach § 490 Abs. 1 BGB das Recht, den Kredit bei Eintritt der Krise des Unternehmens außerordentlich, d. h. fristlos zu kündigen. Das Gesetz stellt dabei auf nachfolgende Punkte ab:
- wesentliche Verschlechterung in den Vermögensverhältnissen
- wesentliche Verschlechterung der Werthaltigkeit der Sicherheiten
- Gefährdung der Rückzahlung des Krediets, dies auch unter Berücksichtigung der gestellten Sicherheiten

Bevor eine Kündigung ausgesprochen wird (in der Regel schriftlich), sollte also eine aktuelle Bewertung der bestehenden Sicherheiten durchgeführt werden. Eine Kündigung sollte nie einfach so aus heiterem Himmel erfolgen, vorher sollte eine deutliche Mahnung erfolgen und die Kündigung angedroht werden. Ein Insolvenzantrag führt zum Kündigungsgrund und macht die Mahnung/Androhung entbehrlich.

Die im BGB geregelten gesetzlichen Kündigungsmöglichkeiten, werden ergänzt durch die in den AGB und einzelnen Verträgen enthaltenen Kündigungsregeln. Bei den Sparkassen ist in Nr. 26 im ersten Absatz das ordentliche Kündigungsrecht und im zweiten Absatz die Kündigung aus wichtigem Grund geregelt. Es folgt eine nicht abschließende Aufzählung, bei denen das Vorliegen eines wichtigen Grundes angenommen wird:
- wenn eine wesentliche Verschlechterung oder eine erhebliche Gefährdung der Vermögensverhältnisse des Kunden oder in der Werthaltigkeit der für ein Darlehen gestellten Sicherheiten eintritt, insbesondere wenn der Kunde die Zahlungen einstellt oder erklärt, sie einstellen zu wollen, oder wenn von dem Kunden angenommene Wechsel zu Protest gehen.

- wenn der Kunde seiner Verpflichtung zur Bestellung oder zur Verstärkung von Sicherheiten nach Aufforderung durch die Sparkasse nicht innerhalb angemessener Frist nachkommt.
- wenn der Kunde unrichtige Angaben über seine Vermögensverhältnisse gemacht hat.
- wenn gegen den Kunden eine Zwangsvollstreckung eingeleitet wird.
- wenn sich die Vermögensverhältnisse eines Mitverpflichteten oder des persönlich haftenden Gesellschafters wesentlich verschlechtert haben oder erheblich gefährdet sind, sowie bei Tod oder Wechsel des persönlich haftenden Gesellschafters.

Besteht der wichtige Grund in der Verletzung einer Pflicht aus dem Vertrag, ist die Kündigung erst nach erfolglosem Ablauf einer zur Abhilfe bestimmten Frist oder nach erfolgloser Abmahnung zulässig. Etwas anderes gilt nur, wenn der Kunde die Leistung ernsthaft und endgültig verweigert, er die Leistung zu einem im Vertrag bestimmten Termin oder innerhalb einer bestimmten Frist nicht bewirkt, obwohl die Sparkasse den Fortbestand ihres Leistungsinteresses vertraglich an die Rechtzeitigkeit der Leistung gebunden hat, oder wenn besondere Umstände vorliegen, die unter Abwägung der beiderseitigen Interessen eine sofortige Kündigung rechtfertigen.

Kündigung zur »Unzeit«:
- Es liegen vollwertige Sicherheiten vor (das dürfte in der Regel nicht der Fall sein).
- Der Kunde hat sich bisher vertragstreu verhalten.
- Der Kunde wird durch die Kündigung unverhältnismäßige Nachteile erleiden.
- Nach einem vorliegenden Gutachten ist der Kunde sanierungsfähig und der Sanierungsbeitrag der Sparkasse/Bank stellt sich nicht als unzumutbar dar.

Aus der Kündigung zur »Unzeit« kann sich eine Schadensersatzpflicht gegenüber dem Kunden/Kreditnehmer ergeben oder sie kann sich als sittenwidrige Schädigung anderer Gläubiger erweisen.

Aus den aufgezeigten Gründen sollte die Kündigung daher entweder nur durch oder zumindest nach Rücksprache mit der Rechtsabteilung erfolgen.

Liegt Gesamtschuldnerhaftung für das Darlehen oder die Kredite vor, so muss die Kündigung einheitlich gegenüber allen Gesamtschuldnern ausgesprochen werden.

Kreditvergabe in der Kundenkrise

Die Sparkasse/Bank bewegt sich in der Krise ihres Kunden immer in dem Bereich, sich des Vorwurfs einer sittenwidrigen Insolvenzverschleppung ausgesetzt zu sehen. Zwei Arten der Kreditvergabe bleiben jedoch zulässig. Diese werden mit den Begriffen »Sanierungskredit« und »Überbrückungskredit« gehandelt.

Ein zulässiger Sanierungskredit muss nachfolgende Punkte erfüllen:
- Die Insolvenznähe des Kunden ist erkennbar.
- Ziel des Kredites ist die Sanierung des Kunden, nicht, sich eine bessere Befriedigungssituation zu verschaffen.
- **uneigennützige** Kredite = ungesicherte Kredite, d. h. nur bei Neugeschäft ohne neue Sicherheiten.
- **eigennützige** Kredite = gesicherte Kredite, es muss ein Sanierungsgutachten mit positivem Ergebnis vorliegen.

Die Zulässigkeit der Kreditvergabe in der Krise wird im Wesentlichen auf eine Entscheidung des BGH aus dem Jahr 1953 (BGHZ 10, 223) zurückgeführt.

Anmerkung

Das Sanierungsgutachten muss von einem Fachmann erstellt und hinsichtlich seiner Prämissen und Bedingungen (Ausgangslage) zutreffend sein. Die Sparkasse/Bank sollte das Gutachten nicht selbst erstellen, damit sie sich im Falle eines Rechtsstreites angemessen verteidigen kann. Darüber hinaus steht in den Mindestanforderungen an das Risikomanagement (MaRisk), dass sich das Kreditinstitut, sofern es sich für die Begleitung einer Sanierung entscheidet, ein Sanierungskonzept vorlegen zu lassen hat (vgl. BTO 1.2.5 Behandlung von Problemkrediten Textziffer 3). Dass es tatsächlich um ein **Vorlegenlassen** und nicht Selbsterstellen geht, zeigt sich deutlich am Wortlaut, da es im Falle der Abwicklung eines Engagements genügt, wenn ein Abwicklungskonzept erstellt wird.

Liegt ein Sanierungsgutachten noch nicht vor, was sehr häufig der Fall sein dürfte, aber akuter Liquiditätsbedarf besteht, was auch häufig der Fall sein wird, ist die Ausreichung eines Überbrückungskredites möglich.

Ein Überbrückungskredit ist in der Regel zulässig, wenn
- die Überschuldungs-/Sanierungsprüfung bereits in Auftrag gegeben ist, bzw. der Auftrag umgehend erteilt wird.
- Der Überbrückungskredit muss befristet sein bis zum Abschluss der Prüfung (3 bis 4 Monate).
- Lediglich die Mindestliquidität darf bereitgestellt werden.
- Der Liquiditätsbedarf ist anhand von objektiven Kriterien ermittelt – kurzfristige Liquiditätsplanung.
- Vereinbarung eines außerordentlichen Kündigungsrechts, für den Fall, dass das Sanierungsgutachten mit einer negativen Prognose ausfällt.

Für den Überbrückungskredit dürfen zusätzliche Kreditsicherheiten hereingenommen werden. Diese »neue Besicherung« ist als Bargeschäft nach § 142 InsO zu qualifizieren, wenn die Voraussetzungen gegeben sind:
- Die neu gestellten Sicherheiten sind mit dem Überbrückungskredit gleichwertig.

- Der zeitliche Zusammenhang zwischen Überbrückungskredit und Sicherheit ist gegeben.

Prüfung der Sanierungsfähigkeit durch die Sparkasse/Bank:
- Einholung eines Sanierungsgutachtens von einem **externen**, branchenkundigen Wirtschaftsfachmann.
- Das Sanierungsgutachten bestätigt die Sanierungsfähigkeit entsprechend dem aufgestellten Sanierungskonzept.
- Das Sanierungskonzept wird durch die Sparkasse/Bank auf Plausibilität geprüft, es darf keine offensichtlichen Lücken- oder auch Fehler aufweisen. Anhaltspunkte liefern die Mindestanforderungen des Fachausschusses Recht des Institutes der Wirtschaftsprüfer.
- Das Kreditvolumen für den Sanierungskredit muss zur nachhaltigen Sanierung geeignet sein. In diesem Rahmen können angemessene Kreditsicherheiten genommen werden.
- Die Sparkasse/Bank sollte ihren ernsthaften Sanierungswillen dokumentieren.

Ein Haftungsrisiko kann sich ergeben, wenn der Kreditgeber an dem Erfolg der Sanierung zweifelt und eine Begleitung nur erwägt, um sich durch den Zeitgewinn der mit dem Herausschieben des letztendlichen, wirtschaftlichen Zusammenbruchs des Kreditnehmers eigennützige Vorteile zu verschaffen versucht. Dann besteht die Möglichkeit, dass eine Haftung gegenüber geschädigten Dritten entsteht. Diese Haftung fällt unter § 826 BGB, »sittenwidrige vorsätzliche Schädigung«. Sollten im Rahmen des Sanierungskredites Sicherheiten bestellt worden sein, so werden diese in der Regel mit Erfolg durch den Insolvenzverwalter zurückverlangt. Die im Rahmen einer solchen Begleitung geschlossenen Sicherheitenverträge sind nach § 138 Abs. 1 BGB nichtig.

Insolvenzverschleppung liegt vor, wenn die Sparkasse/Bank dem Kreditnehmer einen Kredit im Rahmen der Sanierung gewährt, der offensichtlich unzureichend für den Sanierungserfolg ist und dadurch den wirtschaftlichen Zusammenbruch nur verzögert. Darüber hinaus muss die Sparkasse/Bank in rücksichtsloser und eigennütziger Weise ihre eigene, rechtliche und wirtschaftliche Position zulasten anderer Gläubiger verbessert haben.

Nicht zu vernachlässigen ist eine mögliche strafrechtliche Haftung wegen Anstiftung (§ 26 StGB) oder Beihilfe (§ 27 StGB) zu Bankrottdelikten (§§ 283 ff. StGB). Aus dieser strafrechtlichen Haftung leitet sich dann die mögliche zivilrechtliche Haftung her.

5 Fazit/Ausblick

Interessant bleibt auch die weitere Entwicklung, denn seit Mitte 2010 liegt ein Diskussionsentwurf zur Insolvenzrechtsreform vor. Mit diesem soll vor allem eine frühzeitige Sanierung, aber auch eine Stärkung der Attraktivität des Insolvenzplanverfahrens gefördert werden.

Nicht unbeachtet darf auch die Diskussion über eine mögliche Einführung des sogenannten Fiskusprivilegs bleiben. Damit würde die erst 1999 mit Ablösung der Konkursordnung durch die Insolvenzordnung geschaffene Gleichbehandlung aller Gläubiger/Forderungen wieder abgeschafft werden. In eröffneten Verfahren dürften die Insolvenzquoten für die unbesicherten Gläubiger deutlich sinken. Viel größer ist jedoch die Gefahr, dass dadurch weniger Insolvenzverfahren überhaupt eröffnet werden und mehr sanierungsfähige Betriebe nur abgewickelt werden müssen. Das steht natürlich in einem deutlichen Widerspruch zu unserer Insolvenzordnung, die gerade das Ziel hatte, die »Zerschlagungsautomatik« und Vermögensvernichtung zu beseitigen. Von manchem wird der Rückfall in die Zeiten vor der Insolvenzrechtsreform befürchtet. Es grüße die alte Konkursordnung. Es bleibt also weiter interessant.

Ihnen wünsche ich in der Kreditvergabe weiterhin viel Erfolg!

6 Anhang

Prüfungsschema zur Zahlungsunfähigkeit gemäß § 17 InsO

1.1. Erstellung eines stichtagsbezogenen Liquiditätsstatus: Es werden alle verfügbaren Zahlungsmittel den fälligen Verbindlichkeiten gegenübergestellt.
1.2. Dann wird eine Liquiditätsplanung für die nächsten drei Wochen erstellt.

Tab. 4 Liquiditätsplanung

Liquiditätslücke > oder = 10 Prozent	Liquiditätslücke < 10 Prozent
=> es liegt grundsätzlich Zahlungsunfähigkeit vor	=> es kann von Zahlungsfähigkeit ausgegangen werden, auch wenn die Liquiditätslücke nicht innerhalb von drei Wochen beseitigt werden kann.
Ausnahme: Die Liquiditätslücke kann vollständig oder fast vollständig beseitigt werden und den Gläubigern ist ein Zuwarten zumutbar.	Ausnahme: Die Liquiditätslücke wird demnächst größer als 10 Prozent sein.

Letztlich lässt sich der Eintritt der Zahlungsunfähigkeit nur im Nachgang durch ein Gutachten ermitteln.

Kredite = Eigenkapital – der Super-Gau

Die wirtschaftliche Gleichstellung der Sparkasse/Bank mit Gesellschaftern, so dass die Kredite wie Eigenkapital zu werten sind, droht, wenn folgende Punkte vorliegen:
- An den Gesellschaftsanteilen und Gewinnbezugsrechten ist zugunsten der Sparkasse/Bank ein Pfandrecht bestellt.
- Gewinnauszahlungs- und Entnahmeansprüche sind zugunsten der Sparkasse/Bank abgetreten.
- Abfindungsansprüche sind an die Sparkasse/Bank abgetreten.
- Liquidationserlöse sind an die Sparkasse/Bank abgetreten.
- Kaufpreisansprüche bei Abtretung oder Verpfändung der Gesellschaftsanteile sind an die Sparkasse/Bank abgetreten.
- Die Sparkasse/Bank hat sich einen Zustimmungsvorbehalt bei Änderung des Gesellschaftsvertrages gesichert.
- Die Sparkasse/Bank hat sich einen Zustimmungsvorbehalt bei Verkauf oder Verschmelzung der Gesellschaft gesichert.
- Durch die Sparkasse/Bank wird ein Unternehmensberater installiert, wodurch eine faktische Verdrängung der Geschäftsführung entsteht.

Überblick über Anfechtungstatbestände und Prüfungsschemata zu den wichtigsten Anfechtungstatbeständen

Tab. 5 Anfechtungstatbestände

Zeiträume	Normen	Anfechtungstatbestand	weitere Umstände
10 Jahre	§ 133 Abs. 1 § 135 Nr. 1	vorsätzliche Gläubigerbenachteiligung, Besicherung kapitalersetzender Darlehen	Kenntnis des Benachteiligungsvorsatzes
4 Jahre	§ 134 Abs. 1	unentgeltliche Leistung	
2 Jahre	§ 133 Abs. 2	vorsätzliche Gläubigerbenachteiligung mit Nahestehenden	Kenntnis des Vorsatzes wird vermutet
1 Jahr	§ 135 Nr. 2	Befriedigung kapitalersetzender Darlehen	
3 Monate	§ 130 Abs. 1 Nr. 1 § 131 Abs. 1 Nr. 2, 3 § 131 Abs. 2 § 132 Abs. 1 Nr. 1	Kongruente Deckung, Inkongruente Deckung, Kongruente Deckung gegenüber Nahestehenden, Unmittelbar benachteiligende Rechtshandlung	Zahlungsunfähigkeit und Kenntnis davon, Zahlungsunfähigkeit Kenntnis der Benachteiligung wird vermutet, Zahlungsunfähigkeit und Kenntnis
1 Monat	§ 131 Abs. 1 Nr. 2	Inkongruente Deckung	
nach Antrag	§ 130 Abs. 1 Nr. 2 § 132 Abs. 1 Nr. 2	Kongruente Deckung Unmittelbar benachteiligende Rechtshandlung	Kenntnis des Eröffnungsantrages (oder Kenntnis der Zahlungsunfähigkeit), Kenntnis des Eröffnungsantrages (oder Kenntnis der Zahlungsunfähigkeit)

§ 130 InsO – Kongruente Deckung

1. vertragsgemäße Leistung
2. Kenntnis
- von der Zahlungsunfähigkeit oder
- vom Eröffnungsantrag oder

- Umstände, die zwingend auf Zahlungsunfähigkeit oder den Eröffnungsantrag schließen lassen

3. Die Beweislast obliegt dem anfechtenden Insolvenzverwalter, bei nahestehenden Personen gilt die Vermutungsregel.
4. Betroffen sind alle Rechtshandlungen ab drei Monaten vor und nach dem Insolvenzantrag.

§ 131 Abs. 1 Nr. 1 InsO – Inkongruente Deckung

1. Nicht vertragsgemäße Leistung nach Art oder Zeit.
2. Rechtshandlung im letzten Monat vor und nach dem Insolvenzantrag.

§ 131. Abs. 1 Nr. 2 Inso – Inkongruente Deckung

1. Nicht vertragsgemäße Leistung nach Art oder Zeit.
2. Betroffen sind alle Rechtshandlungen im Zeitraum von zwei bis drei Monaten, bevor Insolvenzantrag gestellt wurde.
3. Der Schuldner war zahlungsunfähig (ggf. durch Gutachten zu beweisen – siehe oben).
4. Die Beweislast obliegt dem anfechtenden Insolvenzverwalter.

§ 131 Abs. 1 Nr. 3 InsO – Inkongruente Deckung

1. Nicht vertragsgemäße Leistung nach Art oder Zeit.
2. Betroffen sind alle Rechtshandlungen im Zeitraum von zwei bis drei Monaten, bevor Insolvenzantrag gestellt wurde.
3. Kenntnis des Gläubigers von der Gläubigerbenachteiligung.
4. Die Beweislast obliegt dem anfechtenden Insolvenzverwalter, jedoch gibt es in §131 Abs. 2 Beweiserleichterungen.

§ 133 Vorsätzliche Benachteiligung

1. Rechtshandlung des Schuldners.
2. Zu beachten ist ein Zeitraum von zehn Jahren vor oder nach dem Insolvenzantrag
3. Vorsatz des Schuldners, andere Gläubiger zu benachteiligen.
4. Kenntnis von der Gläubigerbenachteiligung beim Anfechtungsgegner.
5. Die Beweislast obliegt dem anfechtenden Insolvenzverwalter, jedoch gibt es in §133a Abs. 1 Satz 2 Beweiserleichterungen.

§ 134 InsO – Unentgeltliche Leistunge

1. Unentgeltliche Rechtshandlung des Schuldners, nicht nur Schenkungen.
2. Zu beachten ist ein Zeitraum von vier Jahren vor Insolvenzantragstellung.
3. Ausgenommen sind gebräuchliche Gelegenheitsgeschenke.

§ 142 InsO – Bargeschäfte
1. Leistung des Schuldners
2. Unmittelbare Gegenleistung (zeitlicher und sachlicher Moment)
3. Gleichwertige Gegenleistung (wirtschaftlicher Moment)

7 Muster eines Massekreditvertrages im Rahmen eines Insolvenzplanverfahrens

Zur Finanzierung der Kreditnehmerin zwischen Insolvenzeröffnung und Annahme des Insolvenzplanes stellen wir Ihnen einen Massekredit von … Euro nach Maßgabe der folgenden Bedingungen zur Verfügung:

1. Verwendungszweck

Dieser Kredit dient als Betriebsmittelkredit ausschließlich der Finanzierung des Liquiditätsbedarfs der Kreditnehmerin, um während des Zeitraums zwischen Insolvenzeröffnung und Annahme des Insolvenzplanes die wertbringende und werterhaltende Substanz der Kreditnehmerin soweit wie möglich zu erhalten und zu mehren, insbesondere zur Bezahlung von Lieferungen und Leistungen für profitabel arbeitende Unternehmensstellen.

2. Kreditart

Die Kreditmittel werden als Kontokorrentkredit zur Verfügung gestellt.

3. Konditionen

Zinssatz: xx,xx Prozent p. a.
Bereitstellungsprovision: … Euro, wird bei Krediteinräumung eingezogen.

4. Bereitstellungsvoraussetzungen

a) Mit Ihrer Unterschrift bestätigen Sie, dass unsere sämtlichen Ansprüche aus dieser Vereinbarung den Rang von Masseverbindlichkeiten gemäß § 55 InsO erhalten werden.

b) Mit Ihrer Unterschrift bestätigen Sie, als Vorstand der Kreditnehmerin im Rahmen der Eigenverwaltung, dass die Insolvenzmasse nach Ihrer, mit der Sorgfalt eines ordentlichen Kaufmanns durchgeführten Prüfungen zur Bedienung des Kredits mit Hauptforderung, Zinsen und Kosten ausreichen wird.

c) In Anwendung des § 264 InsO wird im gestaltenden Teil des Insolvenzplanes vorgesehen, dass die Rückzahlung des Krediten vorrangig behandelt wird.

d) Schriftliche Zustimmung des Sachwalters zur Kreditaufnahme und Stellung der nachfolgend aufgeführten Kreditsicherheit mit Anfechtungsverzicht bezüglich der der Globalzession unterfallenden Forderungen.

e) Bestellung folgender Kreditsicherheiten:
- Abtretung von Außenständen (Globalabtretung) der Kreditnehmerin gemäß gesonderter Vereinbarung
- Raumsicherungsübertragung Warenlager mit Abtretung der Verkaufsforderungen gemäß gesonderter Vereinbarung

5. Laufzeit

Dieser Kredit hat eine Laufzeit bis zum tt.mm.jjjj

Zur Klarstellung wird festgehalten, dass durch einen Insolvenzplan keine Eingriffe in unsere Forderungen aus diesem Massekredit durch den Plan vorgenommen werden dürfen und wir entsprechenden Vorschlägen nicht zustimmen werden.

6. Kündigung

Dieser Kreditvertrag kann aus wichtigem Grund (Nr. 26 AGB) auch dann vorzeitig gekündigt werden, wenn eine Einstellung des Verfahrens mangels Masse (§ 207 InsO) oder wegen Masseunzulänglichkeit (§ 208 InsO) droht.

Im übrigen gelten unsere **Allgemeinen Geschäftsbedingungen**, die in jeder Geschäftsstelle eingesehen werden können und auf Wunsch zugesandt werden.

Tabellenverzeichnis

Tab. 1 Vollstreckung — 12
Tab. 2 Rangklassen — 23
Tab. 3 Rangrücktritt — 48
Tab. 4 Liquiditätsplanung — 118
Tab. 5 Anfechtungstatbestände — 119

Stichwortverzeichnis

A
Absonderung 52, 53, 70, 90, 91, 93, 95, 105, 110
Absonderungsrecht 91, 94, 95, 96, 97, 106
Abteilung 31
- II 31
- III 32
AGB-Pfandrecht 67, 69, 88, 97, 106, 107, 112
AG-Pfandrecht 98
Anfechtung 60, 68, 70, 71, 73, 86, 87, 109, 110
Anfechtungsrecht 82
Arbeitnehmer 53, 56
Arrestatorium 15, 20
Aufrechnung 55, 69, 70, 76, 87, 88
Aufrechnungsrecht 67, 87
Aufrechnungsverbot 70
Aufschrift 31
Aussonderung 52, 88, 89, 90, 92
Aussonderungsrecht 54, 89, 90, 91, 92

B
Bargeschäft 60, 74, 82, 86, 115, 121
Basel II 66
Benachteiligung 119
- vorsätzliche 85, 120
Beschlagnahme 12, 24, 26, 27
Bestandsverzeichnis 31
BGH 25, 47, 71, 74, 75, 76, 77, 79, 105, 106, 108, 115
Bürgschaft 97, 104, 105, 110

D
Drittschuldner 15, 19, 20, 99, 101, 106, 107, 108, 111
Drittwiderspruchsklage 89, 93

E
Eidesstattliche Versicherung 16, 42
Eigenkapitalersatzregelung 48, 86
Eigentum 14, 16, 21, 24, 27, 30, 31, 52, 89, 98, 101, 102, 104
Eigentumsvorbehalt 54, 90, 100, 101, 106
- einfacher 90
- verlängerter 73
- verlängerter und erweiterter 90
Einigungsversuch
- außergerichtlicher 35
Einspruch 18
Einzelzwangsvollstreckung 11, 12, 93, 105
Erfolgs- und Ertragskrise 61

Erfolgskrise 61
Eröffnungsbeschluss 37, 51, 59
Ersatzabsonderung 96
Ertragskrise 61
Ertragswert 29, 44, 63

F
Factoring 65, 91, 92
- echtes 92
- unechtes 92
Fahrnisvollstreckung 12, 13
Forderungsanmeldung 51
Forderungsverzicht 46, 49, 57
Fortführungsprognose 44, 45, 63, 64

G
Gebot
- geringstes 29, 94
Gerichtsvollzieher 12, 13, 14, 15, 16, 19, 66
Gerichtszuständigkeit 35, 41
Gesellschafterdarlehen 45, 47, 48, 64, 65
- eigenkapitalersetzendes 44, 63
Gesellschafterleistung
- eigenkapitalersetzende 86
Girovertrag 67, 69
Gläubiger
- absonderungsberechtigter 52, 53, 54, 56, 96, 104
- aussonderungsberechtigter 52
Gläubigerausschuss 53, 96
Gläubigergruppe 51, 56
Gläubigerversammlung 51, 53, 96
Globalzession 70, 71, 72, 95, 100, 106, 108, 122
Going-Concern 44, 63, 64
Grundbuch 22, 25, 27, 28, 30, 32, 103, 104
Grundbuchamt 12, 22, 27, 28, 32
Grundpfandrecht 31, 89, 94, 97, 102, 103, 108

H
Handlungsempfehlung 59
Hypothekenhaftungsverband 21, 94

I
Immobiliarzwangsvollstreckung 15, 21
Inhibitorium 20
Inkongruente Deckung 71, 73, 74, 82, 83, 112, 119, 120
Insolvenzanfechtung 74, 82, 112
Insolvenzantrag 34, 35, 38, 41, 42, 43, 62, 68, 72, 73, 81, 86, 112, 113, 120

Insolvenzantragspflicht 33, 41, 44, 45, 63, 64
Insolvenzgläubiger 39, 52, 53, 54, 56, 57, 82, 84, 85, 88, 96, 105
- nachrangiger 53, 56
Insolvenzgründe 33, 42, 81
Insolvenzmasse 24, 37, 50, 52, 68, 78, 80, 81, 87, 88, 92, 93, 96, 97, 104, 105, 111, 122
Insolvenzplan 54, 56, 57, 122, 123
Insolvenzplanverfahren 11, 55, 56, 57, 122
Insolvenzsituationen 59
Insolvenztabelle 51
Insolvenzverfahren 11, 12, 24, 33, 34, 35, 37, 38, 39, 41, 42, 45, 47, 49, 50, 53, 54, 55, 57, 59, 62, 64, 68, 69, 70, 73, 74, 79, 80, 82, 87, 91, 93, 94, 95, 104, 105, 110, 111, 117
Insolvenzverschleppung 111, 112, 114, 116

K
Kleingläubiger 53, 56
Kongruente Deckung 74, 82, 119
Konsortialkredit 110
Konto mit Kredit 59
Kontokorrentabrede 67, 68, 69, 74
Kredit
- eigennütziger 115
- uneigennütziger 115
Krisenanzeichen 65, 66
Krisenerkennung 65
Kündigung 20, 55, 59, 65, 74, 91, 103, 110, 111, 113, 114, 123
- zur Unzeit 114

L
Lastschrift 66, 75, 76, 77, 78, 79
Leasing 91
Leistung
- unentgeltliche 86, 119, 120
Liquiditätskrise 61

M
Mahnbescheid 17, 18
Mahnverfahren 17, 18, 57
Massegläubiger 52
Massekredit 122, 123
Mindestgebot 16, 29
Mobiliarpfandrechte 94
MoMiG 45, 48, 63

N
Nullplan 35

O
Obliegenheiten 38, 39
Offenbarungseid 16

P
Passivierungspflicht 45, 47, 48

Pfandrecht 15, 52, 71, 89, 94, 95, 97, 98, 99, 101, 105, 107
Pfandsiegel 14
Pfändungs- und Überweisungsbeschluss 20
Pfändungsakt 14
Pfändungsbeschluss 15, 19
Pfändungspfandrecht 15, 16, 20, 87, 94, 95, 112
Pfändungswirkung 15
P-Konto 78
Pool 105, 107, 109
Poolbank 106, 107, 108, 109
Poolvertrag 106, 107, 109
Prioritätsprinzip 11
Prolongation 112

R
Rangrücktritt 29, 45, 46, 47, 48, 49
- einfacher 45, 47
- qualifizierter 46, 47, 48, 49
Rating 65, 66
Rechtshandlung
- unmittelbar nachteilige 84
Regelinsolvenzverfahren 33, 38, 41, 57
Restschuldbefreiung 35, 36, 38, 39, 40, 41, 51, 57
Restschuldbefreiungsverfahren 33
Rückgewähranspruch 90, 92

S
Sachpfändung 14, 18
Sanierung 11, 22, 41, 55, 111, 115, 116, 117
- übertragene 11, 41
Sanierungsfähigkeit 57, 116
Sanierungsgutachten 115
Sanierungskonzept 115, 116
Sanierungskredit 114, 116
Schlusstermin 38, 39
Schuldenbereinigungsplan 33, 36, 37, 40
SEPA 75, 78, 79, 80
Sicherheiten-Pool 105, 109
Sicherheiten-Poolvertrag 109
Sicherungsabtretung 95
Sicherungseigentum 90, 101
Sicherungsmaßnahmen 50, 68, 69, 73, 79, 81
Sicherungsübereignung 52, 88, 90, 95, 101, 111
Siegelbruch 15
Sonderbilanz 44, 63
Sonderkündigungsrecht 55
Stillhalten 111
Strategiekrise 60

T
Tilgungsaussetzung 112, 113
Titel 11, 13, 15, 17, 18, 22, 25, 26, 28, 30, 32, 37, 42, 102
Treuhänder 37, 38, 39, 40, 77, 108

U
Überbrückungskredit 114, 115
Übernahmeprinzip 28
Überschuldung 42, 44, 45, 46, 48, 50, 61, 63, 64, 72, 82
Überschuldungsbilanz 44, 45, 48, 61, 63, 64
Überschuldungsstatus 44, 46, 47, 48, 49, 63
Überweisungsvertrag 67
Überziehung 59, 66
- geduldete 59
Umschuldung 25, 112
Unterbeteiligung 110

V
Verbraucherinsolvenzverfahren 33, 35, 37, 41
Verfahrenskosten
- Stundung 39, 40, 41
Verfügungsbefugnis 14, 27, 37, 59, 77, 80
Verfügungsverbot 50, 68, 81
Verkehrswert 28, 29, 44, 63, 104
Verpfändungsvereinbarung 98
Versagungsgrund 38
Versteigerung 16, 24, 28, 29, 102, 110
Versteigerungsgebot 28
Versteigerungstermin 16, 28, 29
Verstrickung 15, 16, 20
Verstrickungsbruch 15

Verteilungstermin 30
Vertragspfandrecht 15, 94, 110
Verwertung 11, 12, 16, 20, 22, 25, 28, 41, 52, 70, 80, 94, 95, 96, 97, 99, 100, 101, 102, 103, 109, 110, 111
Vollstreckungsakt 12, 19, 25
Vollstreckungsbescheid 11, 18

W
Werkunternehmerpfandrecht 95
Wertermittlungsverordnung 29
Widerspruch 17, 18, 32, 75, 76, 77, 78, 117
Wohlverhaltensphase 38, 39, 40

Z
Zahlungsfähigkeit 34, 43, 62, 118
Zahlungsstockung 34, 44, 61, 62, 81
Zahlungsunfähigkeit 33, 34, 42, 43, 44, 49, 59, 61, 62, 71, 72, 81, 83, 84, 85, 113, 118, 119
- drohende 33, 42, 49, 62, 82
Zahlungsverkehr 67, 74, 79, 112
Zedent 92, 99, 101
Zerschlagung 41, 54
Zerschlagungsautomatik 11, 56, 117
Zessionar 99
Zessionen 111
Zessionsverträge 70, 99
Zuschlag 16, 23, 24, 29
Zustellung 14, 15, 18, 19, 27
Zwangshypothek 22, 32
Zwangsversteigerung 22, 24, 26, 28, 94, 103, 104
Zwangsverwaltung 22, 23, 27, 94, 103

Deutscher Sparkassenverlag

DSV*Gruppe*
So viel Lösung, wie Sie brauchen.

Der Ratgeber zum Insolvenzrecht

Erfahren Sie in diesem Ratgeber, wie Sie bei der Insolvenz eines Kunden von der ersten Minute an richtig reagieren, damit Ihnen später keine Nachteile entstehen. Zahlreiche Experten haben sich in diesem Band mit diesem Thema auseinandergesetzt. Profitieren Sie von den Beiträgen zu aktuellen und für die Praxis hoch bedeutsamen insolvenzrechtlichen Fragekreisen aus der Sicht des Insolvenzgläubigers. Der Ratgeber eignet sich damit ideal, um einen Überblick über den gegenwärtigen Stand der Rechtsentwicklung zu erhalten und zugleich die Problemlösung im Einzelfall zu unterstützen.

Sladek / Heffner / Graf Brockdorff
Insolvenzrecht 2010/2011
12/2010, 440 Seiten, 17 x 24 cm, gebunden
Abo-Nr. 731
Artikel-Nr. 301 162 002
64,90 €*

* zzgl. gesetzl. MwSt. und Versandkosten. Versandkosten entfallen für die Institute der Sparkassen-Finanzgruppe.

Interessiert? Bestellen Sie bequem in unseren Shops auf www.sparkassenverlag.de oder bei Ihrer Kundenberatung unter 0711 782-1693, fachmedien@dsv-gruppe.de